いのちを生きる

小川恵眞

22世紀アート

目次

命《いのち》を見据《みす》える

仏教というとお葬式＝暗い。そんなイメージがあるといいます。それは、そこに一番いやな〝死〟があるからでしょう。また、古くさいという思いの人もあるでしょう。ところが、そんな思い（＝人間の既成概念）を打ち砕いて新しい世界へと導くというのが仏教なのです。自分の思いに居座ろうとする執着《しゅうじゃく》（＝自力）を仏様の智慧（＝他力）が一つ一つ打ち砕いて、前へ前へと導き進めて下さる。死なき〝いのち〟の世界、未来浄土への道です。この力を本願力（南無阿弥陀仏）といいます。

仏教は一番古くて一番新しい教えです。

仏教の中味は〝法《ダルマ》〟です。この法《ほう》は、仏陀《ぶっだ》（お釈迦様）発見の法《ほう》です。発明ではありません。発見はそこに存在する事実です。

「地球上に存在するすべてのものは、うつり変わるものであり、大宇宙、大自然、そして人生をつらぬいた法則があります。この法則について正しい認識を身につけておれば、人間一生のあいだ、どんなことに出遇《であ》っても、うろたえることもなければ、慌《あわ》てることも、恐れることもない」と言われます。

別に特別めずらしいことを言っているのではありません。日暮《ひぐら》しの中で、ごくあたり前の何の変哲もないことを、有り難いといただいて生きていくのです。生きていること、ご飯《はん》を食べること、夫婦げんかのこと等々、もちろん病気をすること、老いること、死ぬることも含まれます。

〝石油も砂糖も紙も　何無くとも　夫は召される事の無き今〟…昭和四十八年朝日新聞に出た歌です。夫は戦争にとられ、子供をかかえて食べることにもこと欠くという愁惨《しゅうさん》をなめた年代のご婦人でありましょうか。豊かな日本が石油で揺れた。トイレットペーパー、砂糖の買い占めに走る若い姿を見る。もうそんなことのできない年齢《とし》になった。わが家の買い置きも底をついた。あの頃のことが頭をよぎる、が今はここに夫がいる。ふと幸せを感じる。暖かさを思う、有り難い。

あたり前のことが、あたり前に見えないことがあります。それが執着《しゅうじゃく》です。煩悩《ぼんのう》といいます。これは命終えるまで取り除くことができないものです。〝こだわり〟です。世間はこだわりを持つことは良いことだといいます。しかし、こだわり（＝執着）は事実を見る目を塞《ふさ》ぎます。〝恋は盲目〟と言うじゃありませんか。

そこで、こだわりのない仏様の悟り（智慧《ちえ》）の目を通して見ていく、そのことが自分自身（の生と死）を見据えて生きるということなのです。

長さのない命をかかえて生きる人生です。かならず死がやって来る、それもいつ来るかわからない。この〝死〟の解決なくして正面から〝命〟を見据えることはできない。生だけの論議は楽しくおもしろい。しかし今、あなたは癌《がん》（＝死）ですと告げられたらどんな話をしますか。おそらく話すことはなくなるのではないでしょうか。知らなくても、隠しても死の事実はあります。そこに悟りを示し、お浄土を告げ、今生から未来へ無量の〝いのち〟の約束です。このことを仏様は教えて下さいます。

合掌

平成元年十月

〝いのち〟を生きる

仏教では、私ども生きて営みをするもののことを「衆生《しゅじょう》」といいます。衆多《しゅうた》の生死《せいし》（たくさんの生き死にをくり返していろいろな境界《きょうがい》＝境涯＝をわたりあるくもの）という意です。

〝一寸の虫にも五分の魂〟、蛆虫《うじむし》から人間にいたるまで同じ〝いのち〟を見るのです。これが東洋の心、日本人の心を育てた仏教です。同じものを見ても、見る目が違うから心が豊かであったり、賤《いや》しかったりするのです。

先日、柳井市で開かれた教育関係の大会で、まだ二十代という若い女性の発言です。「バングラデッシュという国を旅した時、市場で見た光景です。大人も子供も大勢の人々が見ている前で、生きた羊を殺して皮を剥《は》ぎ肉を切り、売っている。皮のいる人は皮、頭のいる人は頭、肉のいる人は肉、それぞれにほしい所を買っていく。初めて見るあり様、まして生きている動物を目の前で切りさばいて売るなど見たこともない。目をそむけるような光景ですが、それを見ていると、人間はたくさんの生きものの命をいただいて生きているんだなあという実感がわいてきた。そして、そのことに命の尊さ、大切さを教えられました。今、私達日本人は、お店で肉を買ってもスライスしてきれいに処理されたものばかり、野菜と同じ感覚で肉を買って食べる。そんな生活の中で、命の大切さを訴えたとしても本当に命の尊さがわかるであろうか」。この言葉は、本人が意識しているかどうかは別にして、仏教の見方です。仏教では〝お精進《しょうじん》〟ということを言います。本来は「布施《ふせ》・持戒《じかい》・忍辱《にんにく》・精進《しょうじん》・禅定《ぜんじょう》・智慧《ちえ》（＝六波羅蜜《ろくはらみつ》）」という到彼岸《とうひがん》の行として示されてあるものの中の一つですが、日本では、お葬式・法事等の仏事の時、魚や肉を食さない（精進料理）時の代名詞にもなっています。やはり〝衆生《しゅじょう》〟ということに始まるのです。『一切の有情《うじょう》は世々生々の父母兄弟なり―歎異抄―』。

仙崎で生まれた金子みすずは〝朝やけこやけだ大漁《たいりょう》だ／大ばいわしの大漁だ／浜は祭りのようだけど／海の中では何万の／いわしのとむらいするだろう〟とうたいます。風景は普通にある魚の水揚げですが、詩《うた》を読んだ人の心が有り難い。人間の国は大漁でお祝いです。しかし、海の中、いわしのお宅はどうでしょう。お父さんが、お母さんがいなくなったとオイオイ泣きながら親を捜している〝いわしの子供〟。子供がいなくなったと髪ふり乱して子供を捜しまわる〝いわしのお母さん〟のことが思われたのです。自分のことだけしか考えることのできない私に、仏様は、広い広い世界のあることを知らせて下さいます。

この地球上には、たくさんの命があります。たくさんの命のある中で、私はこのたび人間に命をいただいて生まれて来たのです。それだけではありません。仏様の願いの中にあることを知りました。人は私と同じ悲しみ、痛みの中にいることも知りました。すべての命あるもののところまで届いて下さってある仏様の〝お慈悲〟を聞いた時、私もそのまねをさせていただきます。

合掌

平成元年十一月

〝唯我独尊《ゆいがどくそん》〟のこと

もう十年も前になりますか、私が小学校の親師会《しんしかい》（ＰＴＡ）の会長を引き受けて初めての卒業式のことです。挨拶をしなければなりません。祝辞です。考えたあげく『唯我独尊』ということで祝辞を書いて式に臨みました。ところが先に校長先生が式辞の中で「君達はこれからは〝唯我独尊〟ではダメだ」というではありませんか。これはこまった。校長先生が「唯我独尊ではダメだ」というのに、ＰＴＡの会長が「唯我独尊はすばらしい」とはいえません。しかし今さらやめるわけにもいきません。『唯我独尊』という言葉は伏せて予定通り挨拶をした思いがあります。

これはお釈迦さまの言葉です。お釈迦さまがお生まれになって、七歩あるかれたのち『天上天下唯我独尊』といわれたということです。この言葉を文字通り受けとれば「自分一人が偉いのだ」というように受けとれます。校長先生もそう理解していたので「唯我独尊ではいけません」となったのだろうと思います。ところが、これは意味がすこし違うのです。なぜかといいますと、〝自我〟を主張する世間と、〝無我〟の仏教の違いです。

仏教でいう「我」は〝流布語《るふご》〟といって、普通「あなたとわたし」という時の単なる自他を区別するためのものであるとします。「おれが、おれが」の〝我《が》〟ではないのです。したがって、お釈迦さまが「おれだけが尊いのだ」と主張したのではありません。言い方を変えれば〝世界中で一人しかいない私〟ということです。誰にも代われない、可能性を秘めた一人、だから尊いのです。

「世界には何人も人がいる／でも同じ人は二人といない／人それぞれちがう／だから私と同じ人はいない／世界にたった一人だ／だからこそ責任をもって／生きていかなくてはいけない」。子供の詩です。世の中に不用な者はいない。障害者・老人・子供、みんな同じ〝いのち〟の中です。仏教の底に流れているものは〝平等です〟。

「みんな生きている／この世界で／虫も鳥も魚も動物も／みんな生きている／白人も黒人も　どろぼうも／息をして物を食べて／いっしょうけんめい生きている／ともかく生きているのだ／争いながら　悲しく／また　仲よく元気に」。

　宗教は人間の人格をつくります。この詩から『十方衆生』という仏教の人格が思われます。自我を主張しなければ生きていけない世間の中にあって〝仏法〟という出世間の法を聞かせていただきますと、仏様は、泥棒・犯罪者など世間から悪と捨てられるものまで受け入れるという。

　人間の国は戦《たたか》いです。勝ちぬかねばなりません。そのためには、いつ非難の当事者になるかもしれません。その時のその人の心の葛藤は誰にもわからない。苦悩に打ち沈む、そんな時にも仏様は、こだわりを持たずに「友になります。あなたがどのような人生を歩もうとも、あなたが命終えるまで、いや命終えての後まで変わらぬ〝いのちの友〟です」とあなたの〝いのち〟を尊ぶのです。

合掌

※子供の詩は、いずれも朝日新聞〝小さな目〟より。

平成元年十二月

他力にて候　――目的の中にあり――

私のお寺では、毎月二十五日の午後二時から四時まで、常例の法座をしています。今は、本願寺第八代目の宗主、蓮如上人のお書きになったお手紙（御文章《ごぶんしょう》＝上人が門徒の人にあてて書いたもの、八十通）について一通ずつとりあげてお話をしています。

この手紙は、当時の人々に対して、当時の言葉を使って仏法をわかりやすく説いてあります。今から五百年前の本願寺は、京都の片すみでお参りの人もなく、さびさびとしてあったのです。それが、この蓮如上人の手紙作戦によって文字の読めない人には、読み聞かせるという方法で、わずか四〇年の間に仏法が日本全土に行きわたったのです。

「南無阿弥陀仏とお念仏申してお浄土に生まれて、美しき悟りの仏とならせていただく。しかも弥陀の本願には、老・少・善・悪・男・女をえらばず」。いかなる人もお念仏一つで救われる。それも死んでから後ではない、現在ただ今、救いが成就《じょうじゅ》するというのです。そのことを「平生業成《へいせいごうじょう》（＝平生（今）に往生成仏《おうじょうじょうぶつ》の業因《ごういん》（タネ）が私の上に成立するという意）」という言葉で示します。人の〝いのち〟は老少不定《ふじょう》といわれ、長さがありません。現在ただ今（＝平生）が、私の〝いのち〟のあり場です。

普通人々は、何ごとかを行うとき、目的のために手段があると考えます。幸せになる（目的）ために

○○（手段）をする。優勝する（目的）ために練習（手段）に励む等々……。だから仏教もそうであると考えがちです。悟りを開く（目的）ために修行（手段）する。お浄土参り（目的）のためにお念仏を称《とな》える（手段）のだと。

ところが仏教の側から考えるとそうはならないのです。

東京高等師範附属中学（旧制）の校長であった嘉納治五郎は、学生の集会に出るたびに「此の中学は上級の学校へ進むための予備校ではない。此処は諸君の青年期の完成の場所である。教室の授業も、運動場の体育も、すべては何かの手段ではなくそれがそのまま価値ある目的なのだ、学問も体育もそのもの自体が貴いのだ」とくりかえし訓辞したといいます。現在の社会の状況を見まわして見ても、手段ばかりに労しているような気がするのは私だけでありましょうか。

人は短命です。生と死を切り離すことができないのが、人の〝いのち〟です。手段《てだて》を講じている間に命が終わります。いつも目的の場にいてこそ、いのちの〝華〟が咲きます。救いが目的である仏様は、今ここが目的の場だと告げます。私は、今この救いの場にいるというのが〝念仏宗教〟です。

〝南無阿弥陀仏〟と私が称えるけれども、それは阿弥陀如来さまが、私の救いを完成して、私にとどいて、はたらいて下さっている如来の活動の姿なのです。これは私の側の理屈ではありません。救いとろうという仏様の理屈です。仏様の側の理屈を聞いた時、私の側の理屈はいらなくなります。おまかせするばかりでございます。

〝他力にて候あいだ、凡夫のはからいに非ず〟仏様のおこころをいただいて日暮しに勢《せい》を出す人こそ〝よき人にて候〟。

合掌

平成二年一月

釈迦涅槃絵図《しゃかねはんえず》のこと

〝願わくは　花の下《した》にて　春死なむ　その如月《きさらぎ》の望月《もちづき》のころ〟　これは、あの有名な西行法師の詩です。二月十五日は、お釈迦様のおかくれになった（入涅槃《にゅうねはん》）日です。私ども浄土真宗のお寺では、この日に法会《ほうえ》をするということはいたしませんが、真宗以外のお寺では、お釈迦様のお涅槃の絵図をかけて、涅槃会《ねはんえ》という法会《ほうえ》をいたします。お年をめした方は二月十五日はお釈迦様のお涅槃の日とよく知っていますが、この頃は評論や批判はよくしますが、その中に入り込むということができないという気の毒な時代のせいか、いま一つ関心がないという気がいたします。

経典に『智《ち》によって識《しき》によるべからず』というお言葉がありますが、今は智慧《ちえ》より知識の勝っている不幸な時代ともいえましょう。しかし、知識だけではどうしても安心できないのが人間の実生活の事実でございます。知識は人を切りますが、智慧は豊かな生活を恵みます。

私はふとしたご縁でお釈迦様の涅槃絵図を求めさせていただきましたので、私のお寺の二月二十五日の常例法座（毎月二十五日午後二時〜四時）には、その涅槃絵を開帳して参詣者の方々に御覧に入れています。

遠い遠い二千五百年も前のことを目の前に見るようです。沙羅双樹《さらそうじゅ》の間に〝頭北面西右脇《ずほくめんさいうきょう》〟に臥《ふ》しているお釈迦様のまわりには、人間ばかりではありません。天人から象、みみずまで集まり寄って来て泣いているすがたが描かれています。『アーナンダよ、わたしのために二本並んだサーラの樹の間に、頭を北に向けて床を用意しておくれ』とその時のお釈迦様の言葉を東方学院の中村元博士はこう訳しています。仏陀《ぶっだ》の偉大さと、仏法のすばらしさに、この法に生かされる〝いのち〟の尊さをあらためて思い知らされる絵模様でございます。

〝涅槃絵図　身をよじらせて哭《な》く蚯蚓《みみず》〟これは朝日新聞の俳壇にのったものです。もともと蚯蚓《みみず》などよじれています。踏みつぶしても何の思いもない私に、あのみみずにまで心を配って救いの手をかけてあるのかと、そのお慈悲の深さが、その絵の中から伝わって来ます。

この絵を描いた人の心情、今この句をうたった人の心もち、これはひとりでにわいて来たものではありません。その人の心がすばらしいからでもありません。そうさせた、うたわせた心がすばらしいのです。お仏壇のある、仏様のいる家庭に生まれ、仏様のお慈悲に育てられて変えられてきたのです。

『仏心とは大慈悲これなり』とお経に説かれてあります。荒ぶる心に仏様が宿って下さる。かたくなな心がときほぐされていく。悲しみを喜びに『悪を転じて徳となす正智』、悲しみを捨てなさいと言うのではない。悲しみを悲しみのまま喜びに、悪を悪のまま徳に転じ変えなしていくというのが、仏様の智慧の功徳です。みみずに涙を見るように、豊かな心を恵んで下さいます。〝南無阿弥陀仏〟たった六文字のその声に、無上尽々の功徳が仕上って届いたのです。仏様のお心をいただいて、この娑婆忍土《しゃばにんど》を生きていくのです。とお示し下さいます。

合掌

平成二年二月

〝生〟におどろく

法衣を身につけたお坊さんが、テレビに出ていろいろなことをやっている姿を見聞しては、そこだけをとって、仏教というものを観念的にとらえ、仏教の何たるかを見極めようとしないで評論をする。お坊さんはなぜそんなことをするのかということが大切なのですが…。法事・葬式だって、単なる慰めでやっているのではないのです。まして死んだ人のためにするのでもありません。仏法は、後に残されて涙して送る人にあるのです。

仏教は読んで字のごとく、仏（仏陀＝お釈迦様）の説かれた教です。真如《しんにょ》に通達した仏陀の智慧です。転迷開悟《てんめいかいご》の教です。

お坊さんの所作を見ては、特別なことのようにお考えの人もありましょうが、お坊さんは専門家ということであって、仏教はお坊さん一人のものではありません。実生活を離れてあるような有りようは、何であれ、私達には無用のものにすぎません。事実に目を向けて生きる仏様の教えは、ごく普通の何の変哲もない、あたり前のことを有り難いと生きていくことなのです。ところが、ごくあたり前のことを有り難いといただくということは、意外とむずかしいことなのです。人間は、自己中心という欲望を媒介にしてしか物を見ることができないという悲しい存在であるからです。だから自分にとって特別な（変わった）ことがあると、驚き、恐れるのです。災難、事故、病気、死等々…。しかし、仏様はまず、人は老い、病み、死ぬんだよと説きます。これはどんな人にとっても当たり外れのないものです。確実にみんなに当たるものです。空くじなしです。そしてこれは、自分から望むものでなく、むこうからやって来るのです。引き受けるのは私（この身）以外にはありえない。『人は世間愛欲の中にあって、独り生じ独り死し独り去り独り来る。まさに行《ゆ》いて苦楽の地に至《いた》り赴《おもむ》くべし。身、自らこれにあたる、代わる者あることなし―無量寿経―』。

病、死…前ぶれもなく黙ってやって来ます。あなたの所へ明日行きますとやって来るのは借金取りぐらいです。前ぶれなしに突然やって来ます。前ぶれがあれば用意して待ちます。借金取りなら雲隠れか居留守を使いますが、これはなぜか突然やって来ても留守ということは絶対にありません。いつ来ても出会うことになっています。

死は当然のことなのです。いつ終わってもおかしくないのが〝生〟なのです。ところが私たちは生きているのが当然であり、あたり前だと思っています。そうではない、生きているということは大変なことなんです。いつ死んでもおかしくないものが生きている、いや生かされて生きているんだと言うのです。

〝ばらの木にばらの花咲く、なにごとの不思議なければ〟ばらの木にばらの花が咲く、あたり前です。

そのあたり前のことのただごとでない不思議に、北原白秋は感動したのでありましょう。仏教をいただいて生きると言うことは〝死〟におどろくのでなく〝生〟におどろく人に育てられるのです。〝いのち〟を喜ぶのです。仏のいのち〝無量寿〟におどろくのです。

「生かされて　生きてきた　生かされて　生きている　生かされて　生きていこうと手をあわす　南無阿弥陀仏──中川静村──」

合掌

平成二年四月三日（火）

評論をしない　――われ一人のためなりき――

「何もかも我一人のためなりき、今日一日のいのち尊し」。これは竹下昭寿という三十歳五カ月で胃ガンで往った一人の青年に、高原憲という主治医の先生が贈った歌です。

以下は外科医で開腹手術が行われたが、胃の大半を占めるガンのため、腫物には手をつけられず閉じられ、自宅で竹下青年を看取った高原先生の手記の一部です。

「二月六日、自宅に帰られてから、専ら私が主治医として世話をさせて頂くことになった。余生幾許もない日々の生活に苦痛がない様にしたいことと、名残は惜しいことであるが間違いなくお浄土詣りをして頂きたいこと以外に私の願いはない。―数日おきに私は往診して心境を打診しながら今日一日の生活のありかたを語り、船が静かに間違いなく彼岸に到着せんことを念じた。―四月になって花とともに娑婆の縁がつきるのではないかと予想されたので、時を失しない様に真実の病状を告げる時期を待っていた。―三月二十五日、その日が来た、病状はガンである。すでに不治の状態であることを宣告した。あと幾月か幾日かと数えるよりも、今日一日限りと心得て、今日一日を頂いて生きて行くべきことを語った。『何もかも我一人のためなりき、今日一日のいのちたふとし』これは昭寿君に贈った一首である」。―そして先生は最後にこう結んでいる。「ただ徒らに人生航海の日の長いことが幸せではない。喜びも悲しみも乗り越えて、一路お浄土を目ざして誓願の大船に乗托して、名残惜しくも雄々しく船出された君こそ人生の最大勝利者である」と。

私は、先日小学校・中学校・高校と一緒に学んだ女友達（＝大学に進み同じく大学に学んだ同級生と結婚、現在は埼玉県在住）から突然手紙をいただきました。「高校以来三十年以上が経ちましょうか、御家族の皆様お健やかでいらっしゃいましょうか。数年前より真宗の教えをいただきお念仏を申す身にさせていただきました。思えば、真宗の家庭に生まれた身の幸せを尊く思います。あなたのお父さまから、たどれば親鸞聖人までと…、ガンジス川の砂の数よりあまたの仏様に守られてのわが身でした。南無阿弥陀仏」たったこれだけの内容の手紙ですが、この中にはエリートサラリーマンの家庭で、しかも埼玉県という砂漠の中にありながら仏法に遇えたことで、あたかもオアシスにたどりついたごとく、ひとしおうるおいを感じているすがたが見えます。『本願力にあいぬれば　むなしくすぐるひとぞなき　功徳の宝海みちみちて　煩悩の濁水へだてなし』親鸞聖人のうたです。

人は評論が好きです。目の外の話が好きです。「地獄とか極楽とか言うが本当にあるのか」「来世を信じますか」等々。有るとか無いとかと言うことと違います。信じようが信じまいが、これは事実です。病んで、老いて、死んでいく私が存在する事実を見据えて、如来様のお慈悲がはたらいて下さってあるのです。

遠い遠いはるかな昔から、ガンジス河の砂の数よりもあまたの仏様に、呼びづめに呼ばれて来たのです。知りませんでした。逃げていたのです。その私がこのたびは釈迦仏の出世に出遇い、南無阿弥陀仏の阿弥陀さまを聞くことができました。〝南無阿弥陀仏＝そのまま救う〟。「かならずおまえを仏にする」という仏様は、どれほど私の〝いのち〟を大切に思っていて下さることでありましょうか。如来様のお慈悲をいただき、ほれぼれとお念仏申すばかりでございます。

合掌

平成二年五月八日（火）

※文頭の文は竹下哲編集による、竹下昭寿遺書「死の宣告をうけて」より。

〝人間らしい〟とは

法事などで床の間に「仏心」という軸が掛けてあるのを目にすることがあります。また「仏心を持て」とか「仏心を持って人と接する」という言葉を耳にすることがありますが〝仏心〟とは何か、お経には『仏心とは大慈悲これなり』と説かれています。

今は、愛という言葉はわかりますが、慈悲《じひ》という言葉はなじみがうすくなりました。慈悲と愛というのは似ていますが、本質的に違います。人間の愛は常に憎しみに転じ得る可能性を持っています。「可愛さあまって憎さ百倍」、愛と憎しみは背中合わせです。親鸞聖人は『無明煩悩《むみょうぼんのう》しげくして塵数《じんじゅ》のごとく遍満《へんまん》す　愛憎違順《あいぞういじゅん》することは　高峰岳山《こうぶがくざん》にことならず』といってあります。人間の愛は本質的に自己を愛することを中心としているからです。

しかし、愛という言葉を使うならば、慈悲というのは究極の愛の姿です。

仏教では、慈悲の究極・仏様の愛のことを『無縁の大悲』といいます。〝①わたしが　②誰かに　③どれだけのことをしてやる〟という三つの条件を全く意識しないで、「他者を幸せにする無条件の大きな愛―中村元」です。そして、そのことは人間だけでなく一切の生きとし生けるものにまで及ぶのです。

最近「人間らしくない」とか「人間のすることではない」等々、人間らしいという言葉を引きあいに出して人の動作を語ることをよく聞きます。一体、人間とは、人間らしいとはどんなことでしょうか。強くなれ、賢くなれ、他人に敗けるな…と子どもを育てる人間は、本来、強いものが勝つという弱肉強食という動物的本能で動く存在なのでしょう。それが、他人のことを思いやる、弱いものに手をさしのべるという思いを持つようになったのは、永い歴史の中で、仏様に教えてもらったのではないでしょうか。

「人間らしく生きる」というのは、本当は「仏様らしく生きる」「仏様のように生きる」と言いかえるべきものであって、そのことを「人間らしく生きる」という表現で言っているのではないでしょうか。

朝日新聞の声の欄にこんな投書があったのを思い出します。十九歳の少年です。「私は両親を早く亡くし、祖父に育てられました。家には祖父一人しかいません。寂しいのもありまして、悪い仲間に入り毎日夜遅くまで遊びまわりました。夜遅く家に帰ってくると明かりがついています。祖父が起きて待っているのです。そのことにまた腹が立ちわざと遅く帰るようにしました。だけど、どんなに遅く帰っても祖父は起きて待っているのです。私の帰りをただ待っていてくれるのです。そのうちに祖父にすまぬと思うようになりました。そんなことがあって、だんだん早く帰るようになり、次第に悪い仲間とも遠ざかるようになりました。祖父のおかげです。祖父のおかげで私は立ち直ることができたのです」というような文面であったと思います。

本当の愛（慈悲）とは〝ゆるし〟なのです。豊かな心の持ち主とは、他を許すことのできる人のことを云います。〝ゆるされて生きることほど有り難し〟

合掌

平成二年六月十二日（火）

人間 ――そのすがた――

浄土真宗の開山、親鸞聖人《しんらんしょうにん》は、普通の人間のことを、『凡夫《ぼんぶ》というは、無明煩悩《むみょうぼんのう》われらが身にみちみちて、欲も多く、怒り腹立ち、そねみねたむ心多くひまなくして、臨終の一念にいたるまで、とどまらず、きえず、たえず』とお示しになってあります。

人は欲望を離れては存在し得ない。欲望は明日への活力を生みます。しかし、また反対に、他人をおとし入れることをも考え、また自分自身の破滅をも招きかねません。だから、中国の善導大師は。『罪悪生死《ざいあくしょうじ》の凡夫《ぼんぶ》』という言い方をします。自己中心の生活の中には、そんなことは見えてきませんから、何が罪悪なのか、世間一般の常識で暮らしている者には、受け入れ難き言葉であります。

東京大学出版会の月刊小冊子「UP」二一五号に、舘鄰《たちちかし》という先生の「生命―この付き合い難き存在―」という小論の中に、次のようなくだりがあります。―小学校で教材にウサギを飼育する。かわいがって育て、さびしいだろうからと、温かい心で(子どもの情操教育によろしい)、雌雄の番《つがい》を作ってやる。しばらくすれば、当然子ウサギができる。増えすぎた子ウサギを、大人の裁量で生き埋めにして殺した先生のことが新聞に報道されていたが、その判断を必ずしも責めることはできまい。ただし、生き埋めにしたという方法はおおいに問題があったとせざるを得ない。―略―『ひどいものですよ、まったく。このような先生は即刻クビにすべきです！』というような良識あふれる意見を、ヒクヒクする魚の生き造りを肴に一献傾けながらまくしたてる教育委員会や文部省のお役人がいたとしても、「まったくもって、ごもっとも…」と、開いたり閉じたりする魚の口を横目でにらみながら、激しくうなずく以外、どうもなさそうなのである。――

いかがでございますか。毎日の私の生活がこの通りではありませんか。裁《さば》いているはずの者が、裁かれる場にいるではありませんか。本当は、他人を責めたてて良しとする人などあり得ないのです。

しかし、現実の毎日の生活は、朝から晩まで、家の内外を問わず、他人を責め立てて、一日が終わります。他人を責めても、そこからは何の生産もありません。そこには、他人《ひと》の悲しみと自分自身の地獄の業がのこるだけです。人は愚《おろ》かだと思いませんか。

このことは、自分が賢くて思い当たるのではありません。仏様の思案の中に知らされるのです。仏教を学ぶ、仏様を聞くことによって、今まで気づかなかった人間の本当のすがたが知らされる。

他を責めることをやめて。誉めることを心がけてはいかがでしょうか。責めることは、責める人の罪であるように、誉めることは、誉めた人の功徳なのです。

誉めることを知らぬ私に、『南無阿弥陀仏を称《とな》えるということは、仏様をほめたてまつることになるなり』と、誉め方まで教えてのご指南でございます。

誉める人は。心豊かな人です。上品《じょうほん》の人です。美しい人です。功徳の人なのです。

合掌

平成二年七月三十一日（火）

〃無量《むりょう》の寿《いのち》〃に生きる

「『こころ』が『まなこ』に／言うことにゃ／『眼《まなこ》見る役、わしゃ悩む役』──朝日新聞・折々のうた──」。人は〃生きる〃ということで喜びをもっています。しかし、生きることが死に向かっているという矛盾の中に住んでいることを忘れての日暮らしは、生きることのすべての解決を塞いでしまいます。

私達真宗門徒は〃南無阿弥陀仏、南無阿弥陀仏〃とお念仏を申して暮らします。南無阿弥陀仏が〃無量寿〃と訳されるように、ここに人間存在のすべての解決があるからです。

死に往《ゆ》く〃いのち〃の解決は、世間の論理とすこし違います。

仏教を学ぶ（聞く）ということは、世間の論理（善人賛歌。賢者礼賛）を持ったまま、仏教の論理（悪人正機・凡愚救済）に育てられていくということでもあります。

仏様（南無阿弥陀仏）を聞くことによって、人間は本来弱き者、愚かな存在であることに気づかせていただく。また、人間はたった一人の存在であり、そのたった一人がたった一人では生きていけないことに気づかせていただくのです。大いなる力、如来の願力に生かされている身であることを知らされるのです。

自分の感覚と五体に自信を持っている今、なかなか受け入れ難き理屈であります。人は自分がどんな状態になっても、人の手を借りなければ何一つできなくなっても、強い者、賢い者が善人だという思いは抜けません。またそうでなければ種《しゅ》が保てないから、当然のことでありますが、わが身、自身が如来という鏡に写し出された時、そのすがたが知れるのです。

もの忘れがひどくなります。自分のことすら出来なく不自由な身になります。はがゆい思いをしてもどうにもならなくなります。色からも音からも捨てられていきます。ひとりぼっちになります。老醜をさらして終わります。そして、一人寂しく旅立たねばなりません。人は死が恐ろしいといいます。なぜでしょう。一人ぼっちになるから淋しく恐ろしいのではないのですか。今から往《ゆ》くところは、まだ見たこともない世界、そこへたった一人で往《ゆ》かねばならぬ。未知の世界へ一人で往《ゆ》かねばならないほど恐ろしく、不安なことはありません。だからこわいのです。「冥福を祈る」などと云わねばならないのです。「すてられてなを咲く花のあわれさに　またとりあげて　水あたへけり―九条武子」一人の寂しい思いの中に入り込んで、とりあげ、かかえて〝お前は一人じゃないんだよ〟とやさしく声をかけてくれる、如来のお呼び声〝南無阿弥陀仏〟。

「西方は　父いますみ国母いますみ国　西方は　親しきものの往きませるみ国―木村無相」仏様の最高の悟り「大般涅槃《だいはつねはん》」の世界が、凡夫の情に受け入れられるように心くばって下さってあるのも、仏様のご方便、お慈悲のすがたであります。

仏教徒は「天国・天国」などいわずに「お浄土・極楽浄土」と親しんで下さい。仏教では「地獄・餓鬼・畜生・修羅・人間・天上」と天上界まで、まだ迷いの境界《きょうがい》なのです。

南無阿弥陀仏の功徳をいただき、南無阿弥陀仏の功徳でできあがった国、お浄土に生まれ往《ゆ》くのです。

合掌

〝功徳荘厳〟

平成二年九月十八日（火）

ウサギ小屋

かつて日本人に対して欧米から、エコノミック・アニマル、そして住む家に対しては、ウサギ小屋といわれたというマスコミの報道を聞いて来ました。エコノミック・アニマル―これは、宗教を持たない者、宗教を考えず行動する者という意味が含まれています。

人は、宗教の中で生き死にするものということが根本にあるのです。

十月四日のテレビ・NHKスペシャルの中で、イラクのクウェート武力併合に対して、アメリカ軍がサウジアラビアに進駐していることについて、元米国務長官のキッシンジャー氏は「来年の六月になると巡礼が始まる。そのことを考えて行動しなければ作戦は失敗するだろう」と語っていました。アラブの人にとってアメリカ軍は、異教徒なのです。行動の基礎に働くものが宗教、その宗教を無視してはなりたたないのです。

ウサギ小屋―これも、同様のことです。宗教のない家、日本流に言えばお仏壇のない家庭ということです。昨今は核家族といわれ、家はふえましたが、お仏壇のない家庭がほとんどであります。ウサギ小屋、さもありなんというところです。その家（小屋）の中では、どんな暮らしをしているのでしょうか。お仏壇がないのでお金を拝んでいるというのでもありますまい。

なぜウサギ小屋なのか。猫、犬、牛などの動物には一年に何回か決まって発情期があります。ところが、その中でウサギにはそのような決まりはないそうです。一年中が発情期だそうです。そこで、お仏壇のない家をウサギ小屋になぞられるのです。

昨年、スリランカに旅行した人の話であります。一行の中の一人が病気になり、添乗員が付き添って病院にかけ込んだというのです。日本の病院にあるような問診票のようなものを書いたというのです。その最後に「あなたの宗教は」という欄がありましたので、添乗員が〝無宗教〟と書いて出したそうです。そうしたら、病院の方から無宗教の人はお断り致しますとのこと。あわてた添乗員は、とって返し団長さんにそのことを告げましたら、幸い団長がお坊さんで、病院まで行き、わけを話して〝仏教〟と書きなおして診てもらったということです。

無宗教の人は人間ではないというのでしょうか。無宗教といってはばからないのは、世界中で日本人ぐらいのものではないのでしょうか。

仏教は、(戒律などで)人を縛ることをしません。そのことが〝有り難い〟ということを忘れて、無宗教でもよいと錯覚しているのでありましょうか。逆に、人間を〝バチ・タタリ〟などから解放して、安堵を与えて救うというのが仏様の救いです。

「ほろほろと鳴く山鳥の声聞けば、父かとぞ思ふ母かとぞ思ふ」この有名な詩はどなたのうたでありましたろうか。聞く人によって、寂しくもなり、懐かしくもなる。いろいろに受け取ることができる豊かさを持った詩です。人間だけでなく、森羅万象《しんらばんしょう》の中に〝いのち〟の躍動を思います。

「カラスなぜ鳴くの、カラスの勝手でしょ」。ちがう！ 勝手に鳴くのではない！カラスは山に、お母さんの帰りを待っているかわいい子どもがいるのです。「かわいい、かわいい」と鳴くのです。これは先輩たちが仏教の中に生きてきた豊かさの証明です。〝ありがとう、いただきます〟言えてますか。

合掌

平成二年十月三十日（火）

お浄土のある〝いのち〟のいとなみ

このごろ宗教儀式でよく「黙祷」とか「冥福を祈る」という言葉を見たり聞いたりすることが多くなりました。マスコミのせいかもしれませんが…。このことは、きちっとした自分の宗教を持たない者がふえてきたということかもしれません。

宗教を持たないと云うことは、おそろしいことです。知らず知らずのうちに、他人に心まで支配されてしまうと云うことになりかねません。心は自由でなければなりません。

私は仏教で〝いのち〟のいとなみをしている浄土真宗（単に真宗ともいう）の門徒です。真宗は、口に『南無阿弥陀仏』と声に出してお念仏を称えるお宗旨です。

黙祷のお宗旨ではありませんから、黙祷はしません。冥福を祈るお宗旨でもありませんから、冥福も祈りません。浄土真宗は、冥福を祈る必要のないご法義なのです。

阿弥陀仏（南無阿弥陀仏）の救済は、現世での救済です（厳密に言えば、過去・現在・未来と三世に通じる救済です）。

人の世は、現世につくりあげたものは、死によってすべてのものが無用に帰してしまいます。『まことに死せんときは、かねてたのみおきつる妻子も財宝も、わが身にはひとつもあひそうことあるべからず。

されば、死出の山路のすえ、三途の大河をばただ一人こそゆきなんずれ……――本願寺八代蓮如上人』。これが現実で、しかもいつ終わるかわからない、はかない命をかかえてのいとなみです。

必ず死に到る、今のこの生《いのち》をいかに生きるか、いかに価値あらしめて終わるか。そこに仏様のお慈悲があるのです。

現世だけで終わる命ではない。滅びることのない〝いのち〟『無量寿』に恵まれて生きるというのが、お念仏を申して生きる〝いのち〟のいとなみです。わけのわからないところ（＝冥土）にいくのではありません。

阿弥陀仏の浄土は『無量光明土』。

仏法の生活、お念仏の生活と云うのは、光り輝く世界、花咲き鳥うたう蓮《はちす》の国。悟りの浄土が約束されての日暮らしです。未来浄土に悟りをかかげて、今の生《いのち》を生きるということです。

また「天国にいった〇〇さん」と言う言い方も多くなりました。亡くなった人が天国にいったと言う言い方は、仏教徒にとっては大変失礼であり、無礼な言葉であります。また悲しいことでもあります。

天国とはどんな処か、『往生要集』には次のように説いてあります。『快楽は極まりないが、命の尽きる時になると、五種の衰えの相が現れる。一つは頭の上の花の髪飾りが急に萎む。二つには天の羽衣が塵や垢に汚される。三つには腋の下から汗が出るようになる。四つには目がくらんでしばしばまたたく。

五つには本《もと》からいる住居を楽しく思わぬようになる。この五つの相が現れると、天女や眷族《けんぞく》すべての者が皆んな遠ざかり離れて、この人をまるで雑草のように棄ててしまう。その仕打ちに歎き悲しみ『私はいつもお前達をかわいがってやったではないか、どうして急に私を雑草のように棄てるのか』と泣いても、手をさしのべる者は一人もいない。この時の悲しみは地獄の苦しみの十六倍もある。これで知られるであろう天上界は、快楽極まりない処であっても、真に楽しむべきところではないのである』と。

天上界は、まだ迷いの世界なのです。〝いのち〟のことはフィーリングでは解決しません。親しい友を悲しませないで下さい。

合掌

平成二年十一月二十日（火）

後世《ごせ》を知るを智者《ちしゃ》とす

本願寺第八代蓮如上人に『それ八万の法蔵を知るというとも、後世を知らざる人を愚者《ぐしゃ》とす。たとひ一文不知《いちもんふち》の尼入道《あまにゅうどう》なりといふとも、後世をしるを智者とすといへり』というお言葉があります。「どれだけ学問をし、たくさんのことを知っている人でも、世間のことしか知らない人は愚か者です。たとえ文字の読み書きができないような人でも、仏法を知っている人を智慧ある者というのですよ」ということであります。

世間ひとなみのことは、小さい時から見聞して育ちます。文字を書けなくても、結婚をして子どもをもうけることはできます。しかし、仏法は出世間《しゅっせけん》の法でありますので、普通の一般社会にはありません。自分が求めて聞く以外には仏法を知る方法はありません。

世間は、国を建て、家を守り、身を立てて利害損得の上になり立っています。仏法は、一人の人間の存在から出発します。お金があろうがなかろうが、身分・学問があろうとなかろうと、生まれて死んでいく一人の人間がここにいます。地べたをはいずりまわるような暮らしをしている者も、栄耀栄華をきわめた人も、一人のいのちあるもの、利害損得に関係なく、皆んな老いさらばえて無惨なすがたをさらして死んでいくのです。

世間は人生経験をいいます。そして大切にします。人生経験とは、人間と人間のつきあいです。人生経験豊富な人は、たくさんの人を知っているということでありましょう。人間一生の間にどれほどの人に会うのでしょうか。

おとしよりが、ある新聞の記事を見て「あれは人間のすることじゃない。あれは鬼じゃ」と言いましたが、鬼ではありません。その人も人間なのです。その人の人生経験の中で、出会ったことのなかった人というだけのことです。

どんなに長生きをし、人生経験豊富であっても、自分の思っている人間というものの範疇《はんちゅう》に入らない人はたくさんいます。人間一生の間に会うことのできる人は、ほんのわずかです。知らない人の方が多いのです。そして、人間は人間の範疇から出ることはできないのです。

ある本に捕鯨者の話が出ていました。「二頭連れの鯨を捕鯨船が追う。そして、二頭連れの片方が撃たれた場合、それが親子であった場合は、子は親を。夫婦であった場合は、妻は夫を見捨てて逃げるが、その逆はない」という。これは鯨のはなしですが、人間にあてはめても、このようなことは人生経験の範疇ではない。生態学的に見ても、これは生きものの業と云うようなものでありましょう。この業を背負うて下さるというのが、仏様なのです。一一《いちいち》のその人、個々の心の中に住み込んで救いを成就したのが〝南無阿弥陀仏〟の阿弥陀様です。

お釈迦様を去ること二千五百年、人類は老いたといいます。いま「あなたは何処から来て何処へ往くのですか」と問われても、答えることはできない。いや、そのような問いをもつことさえできなくなったと言います。それ程に人類は老いているというのです。

〃あなた〃いかがですか。

西方阿弥陀仏のお浄土は、南無阿弥陀仏の功徳でできあがった国、今生に南無阿弥陀仏の功徳をいただいた人に、間違いない悟りの国〃お浄土〃があるのです。〃功徳荘厳、功徳荘厳〃

合掌

平成三年一月二十三日（水）

仏様に認められて生きる

宗教という言葉がありますが、宗教という言葉の意味をどのように受け止めているのでしょうか。

宗教の「宗」は、宗要の義といいまして、要《かなめ》の教、人間にとって一番大切な、生活の要《かなめ》となるものということです。人間にとって一番大事なもの、それは〝いのち〟と〝こころ〟です。

人の心は、自由であり、何人にも束縛されてはならないところです。たとえ囚われの身であっても、その人の心まで縛ることは出来ません。(死刑廃止を訴えるのは、自由な心まで殺すことになるからです。)ところが心は「こころコロコロ」といいまして、自分自身ですら自由に操縦することの出来ないところです。

そこで、宗教を名のって、逆に人の心を縛ることを考えるものが出てきます。「罰《バチ》が当たる・祟《たた》る」と言って脅すのです。この言葉に恐れおののき、心を暗くするのです。「弱きもの汝の名は人間」であり「悪しきもの汝の名は人間」であります。

また、蚕《かいこ》が自分の出した糸で自分のからだを縛っていくように、自分のしたこと、喋ったこと、考えたこと(=業という)で自分自身を縛っています。

「涙より愛はもろくて、つとめても　つとめても、憎しみのわく日があります――朝日歌壇」

私のお寺に、少しからだの不自由なお年寄りが参って来ます。山口市内から大内までバスです。バス停で降りて、お寺まで歩いて五分ぐらいのところを十分ぐらいかかって歩きます。時々、中学生（男子）の下校時に出会います。歩道を自転車、あるいは歩いていっぱいになって、わいわい言いながら行きあいます。そんな中学生に老人など頓着はありません。「ごめんなさいよ」と言って間を小さくなって通り過ぎようとしますと、時々「ババー」とか「クソババー」とか大声で言う子どもたちがいるといいます。

私が「腹が立ちましょう」と言うと「いいえ、私はそれが有り難い」と言います―変なおばあさんと思いますか……。それかというと、これはお寺参りの方ではありませんが、「私は〝おばあちゃん〟と言われるのが大嫌い」というお年寄り？　もいます。

「クソババー」と言われて有り難いという人もいれば「おばあちゃん」とやさしく言われても腹を立てる人がいる。同じ人間でありながら、どこが違うのでしょうか。

一人暮らしの老人には、人の声はなつかしい。一人暮らしでなくても「家の者が声もかけてくれぬ」と涙する老人がいます。

どんなことでも、声をかけてくれるということは、その人に認められたということです。無視されるほど寂しいことはないと言います。中学生の〝いじめ〟の中にも、無視するという〝いじめ〟があると言います。

『独生独死・独去独来』と聞きますが、一人では生きられない存在なのです。

人間を知りつくした、阿弥陀様という仏様の〝智慧と慈悲〟は、一人ひとりの心にとどく仏様になろうと願いを立てたのです。声は心にとどきます、心を震わせます。南無阿弥陀仏と声になって心にとどく仏様になってくださったのです。

いつも聞きなれた声、私の声〝南無阿弥陀仏〟。それが、やさしい仏様の声になって〝南無阿弥陀仏〟。罰も、祟りもありません。ただただ、呼んで、安堵《あんど》を与えての救いです。

私は仏様に認められている。いつ如何なる時でも、このお方が私のことを知っておってくださる〝南無阿弥陀仏〟。

合掌

平成三年二月六日（木）

お彼岸 ——布施を行ずる——

三月といえば、お彼岸。日本人であれば、お寺にお参りしたりお墓参りをしたり、宗派を問わず行われる行事です。春と秋の二回、かならずめぐってきます。

彼岸会の仏事は、印度にも中国にもなく、日本で始められた仏教行事です。これは、四季の変化に富む日本であればのことでありましょう。

起源は、聖徳太子が始められたとも、聖武天皇の御代とも言われ明らかでありませんが、本願寺第八代・蓮如上人は『此時は人の心ゆたかなるによって信行増上し易し、されば冬は秋の餘り、夏は春のすへなれば夏冬は艱苦《ごんく》にして信心修行もおろそかになりやすきに、この両時の初めこそ信行相続して、未安心《みあんじん》の人は宿善の花も開け、信心開発《かいほつ》の人は仏果円満のさとりをもうるにより、すべて仏法信仰の人は参詣の足手を運び法会に出座するものなり』と懇切におさとし下さいます。

そこで「お彼岸」ということですが、これは、もともと大乗仏教の菩薩道を代表する「六波羅蜜《はらみつ》」という彼岸に到る実践の法から由来します。波羅蜜は「到彼岸」と訳し、迷いの此岸より悟りの彼岸へ度《わた》るための行法で、①布施《ふせ》 ②持戒《じかい》 ③忍辱《にんにく》 ④精進《しょうじん》 ⑤禅定《ぜんじょう》 ⑥智慧《ちえ》の六つをいい、この六波羅蜜を満足して悟りです。この中で一番重要なものは最後の智慧波羅蜜（般若波羅蜜）です。しかし、私たちがもっとも親しいのは、最初の布施波羅蜜です。法事などの仏事でおつつみする「お布施」は、本来、法施に対する〝布施行〟なのです。この布施の行は、簡単なようでむづかしいものです。

布施は「喜捨《きしゃ》」とも訳します。喜捨と訳すように、布施をする人の心に、施物に対する執着があってはなりません。惜しみがかかったり、見返りを求める心をおこしてはなりません。喜捨（よろこんでさしあげる）でなければ布施の行は成立しないのです。ここに大乗仏教の心があるのです。布施行の実践ができなければ、その精神の中で努力して生きるというのが、仏教徒なのです。

今、私たちの人間社会は、取り引きの世界です。親切をしていただいたら「ありがとう」とお礼を言わなければなりません。ものをいただいたら、お返しをする。これが普通の人の生活です。しかし、そのことの中にいろいろな不都合もおこります。収賄、贈賄などです。

布施は、お礼を求めてはならない、お返しを求めてはならない、取り引きのない一方向の行いです。見返りのない行いなのです。お礼を言われなくても、何とも思わないのが本当の親切でしょう。見返りのない行いほど美しいものはありません。

日本人は、忠臣蔵が好きです。なぜでしょう。敵打ちをしたからでしょうか。それもありましょうが、大石内蔵助以下の四十七士が当時の庶民の願い（助命）もむなしく切腹、むくわれることなく散っていったから美しい、というのではないでしょうか。誉められ、命を助けられ、どこかの藩の重臣にとりたてられていったら、おそらく忠臣蔵など今日まで持て囃す人はいないと思います。

足ながおじさんに見られるように、見返りを求めない行いのすばらしさは、誰もが知っています。しかし、残念なことに実践がともないません。〝見返りを求めない行い〟ほど美しいものはありません。布施という行いの中に、仏教徒の生き方の一つが示されています。仏教は実践です。そして人間が仏様に育てられます。

〝おかげさま、ありがとう〟

合掌

平成三年三月二十日（水）

縁起の世界　――勿体《もったい》ない――

「ひとにぎりの米をいただき／いただいて　まいにちの旅／あなもったいなや／お手手を　お米が　こぼれます／お手手を　こぼれる／その一粒一粒をいただく」これは山頭火の詩です。

「もったいない」…忘れられた言葉です。〝どんなものも粗末にしてはならない、少しのものでも無駄にしてはならない〟この言葉の中には、物を大切にする心があります。今日いわれる、資源に限りがあるから物を大切にしようというのとは、少し違います。

すべての物は動いている。そこには〝いのち〟があるという『山川草木《さんせんそうもく》　悉皆成仏《しっかいじょうぶつ》』という仏教の精神があります。だから日本人は、すべてのものに仏様の〝いのち〟のはたらきを見てきたのです。鯨の供養もしましたが、針供養といって針の供養もしてきたのです。それは、一つのものが存在するということは、そこには人間がつくり出すことのできない〝いのち〟があると見るのです。

東京の練馬区で貸農園をしている友人から聞いた話として、佐賀県の農民作家山下惣一さんに次のような一文があります。

「団地のママさんが自分の手でササニシキを作ってみたいと、やけに張り切って畑にやってきた。畑にミゾを切ってパラパラとまいているので、ひょいとのぞいてみたら、なんと自分の家から持ってきた白米をまいていたのだと。『いやいや驚いたよ。なんたって向こうは大学出のインテリだろう。まさかと思ったよ』—略—『で、どうなった』『毎日熱心に水をかけてたけど、結局芽は出なかったみたいだよ』『そうか』とぼくはいった」。…その後に彼は、米作りはそんな簡単なものではないと、田植えから逆算して前仕事をやらねばならないこと、種まきの日数の計算から種モミの消毒から苗床の用意、水かけ。機械になっても種モミから米になるまでの順番はかわらない。その中の一つをはぶいても米にならない。まして一粒の白米から一ぺんに一升の白米になるということはありえない。米作りの苦労とその過程をていねいに語っています。

前半の話は氏の創作かもしれないが、米一つをとってみてもそうであるように、初めから米という〝もの〟が存在するわけではない。たくさんの力（手）が加わって一つのものができる。今、自分の目の前に存在する物の一つ一つが、初めから有るものは一つもないのです。

仏教では、物体と書いて「モッタイ」と読みます。物の体と云うこと。物には体がないと説きます。物体《もったい》がない＝存在するすべての物に変化しないで有りつづけると云うような実体はないとします。無自性空《むじしょうくう》といういい方をします。すべてのものは互いに和合（結合）して一つのものをつくり出している、たった一つのもので存在するものはないとします。目の前にあるものすべてがそうです。

モミから芽が出たらそれはもう芽であってモミではない。花が咲いたらもうそれは花であって芽ではない。実がついたらもうそれは実であって花ではない。すべてがこの原理です。だからモミから芽が出ないことがあります。苗から花が咲かなければそれはそこでおわりです。

それが、モミから芽が出て花が咲いて米がみのったのです。物体《もったい》のないものが、今、米という形で私の目の前にあるのです。多くの〝縁《えん》〟によって米という存在が〝起〟ったのです。有り難いことが有ったのです。〝勿体《もったい》ないことです〟

「生きかわり　死にかわりして　打つ田かな」

合掌

平成三年四月二十四日（水）

鰯《いわし》の頭も信心から

「謹賀新年、昨年は突然お伺いいたしまして大変失礼いたしました。大晦日という忙しい時にもかかわらず、あの熱燗の酒は腹の底から暖まり一年のうさもあとかたなく消えてしまったようです。ところで、昨年伺いましたのは当方の感違いでした。このごろ外目には中々解《わか》らなくなってきました。昔は隣から隣へ移ればよかったのですが、近年のように大半が中流家庭で、たまたまサラ金ファミリー会員券にかかわる人がある位ですので、大晦日の夜、私はどのお家に寄せて頂けばいいのか迷ってしまうのです。どうぞお許し下さい。また、サラ金夢の会員券等にお気をつけ下さい。その時は本当に私がお世話になることになりますので、では本年一年はどうぞお幸せに。私は今年は三軒隣の押入れの奥でお世話になることになりましたのでご心配なく。一月元旦」

これは昨年いただいた年賀状です。差し出し人は貧乏神です。年賀状をやりとりする程の長い付き合いです。

お金持ちは用心して下さいよ、貧乏神は大晦日にやって来ます。貧乏神に住み込まれたらどんな金持ちでもスッテンテンの貧乏におちます。だから貧乏神などに来られたらたまったものではありません。しかし、御免下さいと大手をふって玄関からやって来るというのではないので厄介なのです。そこで、貧乏神にお金持ちと見られないように、大晦日に家の戸口の上に鰯の頭を打ちつけておいて「私の家は鰯を食べるのが精一杯の暮らしです」と標示しておくのです。（本当は毎日鯛を食べるほどの暮らしをしていてもです）これを見て貧乏神は「ここはダメだ」と他所へ行くという寸法です。鰯の頭でも信じたら役に立つというのです。

あなたは〝不幸の手紙〟が舞い込んだらどうしますか。〝鰯の頭も信心から〟…お笑いになりますか。四は死に通じるとか、九は苦に通じるとか…。自分の大切な生活を犠牲にしてでも、これらのことを避けて通るという現実の暮らしはどう笑うのですか。すべて自分の思い込み（＝執着の心）から出ているのではありませんか。

信心とは、ある対象に向かって自分の心を思い固めることだと思っている人がいますが、一番大事な〝いのち〟のいとなみのところでごまかしの人生を歩いてはいませんか。

今はそれでよいかもしれませんが、老境に入り、人生の終焉《しゅうえん》を迎えた時、不安はつのりませんか。これで良かったのだと安堵《あんど》して目をつぶれますか。

仏教では、自分の心を思い固めたのを信心とはいいません。ココロ、コロコロといいまして、一番当てにならぬのが人の心だと見破ったのです。「あれほどかたく誓ったのに…」といつもこわれていくのが人の思いです。

無量寿・無量光の仏様は、不安な心を安心しておける〝場〟。いつでもどこでも、どんな境遇にあっても、安心して座っておれる〝場〟となったのです。それが〝南無阿弥陀仏〟です。安堵でつつみ込んで下さる仏様です。

南無阿弥陀仏と声になって、言葉になって心にとどく仏様になって下さいました。仏様の〝いのち〟が〝南無阿弥陀仏〟と心にとどいて宿って下さったところをさして信心といいます。南無阿弥陀仏と私の口に称えられる時、仏様の願いが力となって、永遠の〝いのち〟を生きる身にして下さるのです。

「しらぬがほとけというけれど
しらぬはぼんぶでありましょう
〝摂取心光《せっしゅしんこう》　常《じょう》　照護《しょうご》〟
おやさまいつも　まもりづめ――木村無相」

合掌

平成三年六月五日（水）

慚愧《ざんぎ》なき者は名づけて畜生《ちくしょう》となす

今の日本社会は、先輩達が築いて来た文化の中で、良き精神文化を捨てさり、合理主義と物中心の中での生活を謳歌していますが、この頃あちこちとすこしずつほころびが出てきたようにも見うけられますが、いかがでありましょうか。

日本経済を正常に作用させなければならないはずの大手証券会社が、暴力団と通じ、株買い占めなどに手を貸し、大口顧客の株式投資に便宜をはかり、お金もうけをたくらんで暴利を提供していたことが、新聞紙上をにぎわしております。

お金もうけが悪いというのではありますまい。その方法と使い方が問題なのです。いわゆる〝私腹を肥やす〟という言い方がありますが、まさにそのことに当たるので非難を受けるのでありましょう。

人は誰でも欲があります。欲があるから希望がわき、ものごとを達成するために努力をするのです。今日の日本の繁栄もしかり。しかし、欲は次から次へと湧いてきます。欲のとりこになると、身を滅ぼします。

そこで仏教は「足るを知る」ことを説きつづけてきました。

人間社会の中で、生き生きと活きてきた仏教は、経済行為についてどのように説いて来たかと云えば、財をなし、富を得ることを〝悪〟とはいいません。むしろ、まじめに働き財を集積することを勧めています。ただ、精進努力によって富を得ても、それを自分一人で独占してはいけない。他人にも与えなければならないと教えます。

施し与えることの徳（功徳）を強調するのです。「ダーナ」といい「布施」と訳します。ダーナはダンナ（旦那）。昔のお金持ちは、そのことを実践してきたので、人々はその人を旦那と呼び、旦那様（＝山口ではダンサマ）と尊称をつけて呼んだのです。今はお金持ちは居ても、旦那様と呼ばれる人はいなくなったといいます。

布施（布《し》き施《ほどこ》す）＝広く人々に分け与え、社会に還元する。その財に固有の徳があるのです。布き施してこそ財が生きてきます。だから昔の人は、お金持ちのことを〝分限者《ぶげんしゃ》〟とも呼びました。

〝施し与える〟その行いにどんな意味があるのかと考え、発達してきたのが、今日日本に広まる大乗仏教なのです。……そんなことわすれていたなあ……。

布施は「お布施」といい、お坊さんやお寺にさしあげるものとばかり思っていたのでありましょうが、布施（ダーナ）は大乗仏教の精神をあらわす大事な言葉であり、実践行《じっせんぎょう》なのです。すべての人が生かされていく行為なのです。あらためてかみしめてみたいものです。

そして『涅槃経《ねはんぎょう》』には、人のありようを次のように説いています。

『二つの白法《びゃくほう》あり、よく衆生《しゅじょう》を救《たす》く。一つには慚《ざん》、二つには愧《ぎ》なり。慚はみづから罪を作らず、愧は他を教えてなさしめず。慚は内にみづから羞恥《しゅうち》す、愧は発露《ほつろ》して人に向ふ。慚はひとに羞《は》ず、愧は天に羞ず。これを慚愧《ざんぎ》と名づく。無慚愧は名づけて人とせず。名づけて畜生とす。慚愧あるが故に、すなはちよく父母、師長を恭敬《くぎょう》す。慚愧あるが故に、父母・兄弟・姉妹あることを説く』とあります。

古いことばかりとお笑いになるかもしれませんが、江戸時代の人は「欲望は閻魔《えんま》の王の釣りのえさ、とびつく魚の末路をば見よ」とうたいました。……うむ、とうなるだけではいかんともしがたいですぞ……。

合掌

平成三年七月十日（水）

お盆参りをおえて

お盆のお参りが終わりました。毎年のことでありますが、いろいろの思いが心の中を通り過ぎます。

お盆のお参りをするようになったのは、いつ頃からのことでありましょうか。地方《ところ》によっては、お盆は初盆の家だけしかお参りをしないというところもあります。

私のお寺は、いつの頃からかは定かではありませんが（おそらく、このたびの戦争以後でありましょう）御門徒を一軒一軒全部お参りをしております。全部の御門徒をまわりますので、日頃お寺に御無沙汰している家にも足を運ぶことになります。

信仰生活というものは、戸を締め切った家の中でのことです。人の目に触れることはあまりありませんから、誰も知りません。一人お寺の住職は、家の中に入って行きます。目に見えない信仰生活を、お仏壇が語ってくれます。その家の心の生活を教えてくれます。

お仏壇のお荘厳《かざり》の仕方は、宗派によって違います。何も言わなくても、お仏壇の前に座ると、その家の人柄がしのばれます。

何時参っても、お仏壇がきれいにしてある家。お参りの日時が知らせてあっても、お仏壇は十年一日《いちじつ》、掃除をしたようでもなく、埃だらけのお仏壇の家（＝こんな家にかぎって、得てして何か家の者に事故がおきると、先祖がどうのこうのと、先祖を悪者にして、自分の善行（供養をしてやるということ）を誇るものです）。年老いて足腰がよわり、お寺に参りたくても参れないお年寄りとの会話等々、お盆参りは住職にとっては大変なこと（わずかの期間で一軒一軒全門徒をまわるのですから）ではありますが、御門徒の方々から、いろいろの面で有り難いご縁にあわせていただくことでございます。

お仏壇に自動車の免許証がお供えしてある家があります。その家にお参りしますと、いつも、信仰の工夫の行き届いた有り難い家だなと思いながらお参りをすることです。私の推測ですが……朝、出かける前にお仏壇の前に行かなければなりません。仏様に手を合わせて、お礼をして免許証を持って行くのでありましょうか。帰ったら、お仏壇の前に（免許証を置きに）行き、手を合わせてお礼をする。朝と夕方かならずお仏壇の前に座ることになります。忙しい日暮らしの中で、ついつい仏様のことなど忘れがちでありましょうか。こんな工夫をさせたのは、一体何なのでしょうか。厚い信仰の中に生きたご先祖のご恩であり、おかげでありましょう。

仏道は、弟子道です。道は始めからあるのではありません。始めに歩いた人のあとに道はできるのです。道のないところを初めて歩く人は、大変です。勇気がいります。困難をきわめます。しかし、後を行く人は楽です。すでに道があるのですから。横にそれて迷うことはありません。

至極易行《しごくいぎょう》の道、お念仏の道。この道を開いたお方、親鸞聖人。私はこのお方のお弟子でございます。

このお方の歩いた道を歩きます。このお方のお示し下さった道を歩いています。〝灯を　たかくかかげて　わが前を行く人あり、さ夜中の道―甲斐和里子―〟。安心して歩ける道です。かぎりない大きな大きなご恩を思わせていただきます。

合掌

平成三年八月二十八日（水）

許されて生きる

禅僧の座禅をしているところを見聞したことがありますか。私は浄土真宗の僧侶でありますので、座禅の経験はありません。テレビの放映や書籍等で知るかぎりですが、あの姿を拝見しますと、まことに厳しい姿で、見るだけで身の引き締まる思いがします。

あの禅堂の中では、座している僧の外に一人、長い棒を持って歩きまわっている僧がいます。そして、時々座している僧を、その長い棒で打ち据えています。なぜあんなことをするのかわかりませんでした。打つ順番があって、時々気合を入れるために打っているのかと思っていましたが、すこし違うようです。

禅では〝師家〟と云うそうです。師弟の関係をあらわす言葉です。普通、師弟の間には「教え」が存在します。師は弟子の怠け心を見ぬいて打ち据えるのです。「教え」とは本来厳しいものなのです。だが、あの姿を見ていますと、ただ打ちすえているだけではありません。打つ者は打たれる者に手を合わせて、また、打たれる方も打つ者に手を合わせて、お礼をしています。おたがいに合掌して、拝み合っています。

手を合わせる心は、他を愛する心、他を許す心であります。いつくしみの心、思いやりの心であります。仏様の愛（慈悲）を無言のうちに告げています。そして、実践しているのです。

日本人は、食事をする時にも「いただきます」と手を合わせ「ご馳走さま」と合掌をして来ました（＝この頃、この習慣があまり見られなくなったところに、心の荒廃があるのかもしれません。）

人は、自分のした事、してやった事は気になり、おぼえていますが、他からしてもらった事、していただいた事にはあまり目を向けようとしません。

人は、沢山の人々とのつながりの中で生きています。また、沢山の〝いのち〟との交わりの中で過ごしています。食べなければ生きていけない人間は、生命あるものから〝いのち〟をいただかなければ、生きていけません。今日、人間は、当然のことのように、生きものの〝いのち〟を取って食べています。生きものにも、それぞれの営みがあることを思う時、それを無断で取って食べている人間の罪を考えたことがありましょうか。人間は〝いのち〟に食を乞うているのです。「ありがとう」とすこしぐらい感謝の念があってもよいのではないでしょうか。

拝む姿に、拝まれて許されていることが知らされるのです。

人は、厳しさに心魅かれます。そして、そのことに意気を感じます。悪を攻める時「私は許せない」といいます。正義はわかりやすいけれども、あれは恐ろしい言葉です。

人間は厳しさだけでは耐えられないのです。人はやさしさに心ひらくのです。

お釈迦様の教団には戒律があります。守らなければ罰します。ムチ打ちます。しかし、その厳しさだけを見て目がくらんではなりません。その教えの中に告げられている愛（＝慈悲・救い）に耳をかたむけるのです。

その教えの中には途方もない愛が告げられているのです。それが、阿弥陀仏の〝救い〟です。罪を犯した者、悪重き愚かな者、ムチ打たれて泣く者にかぎりなく愛（慈悲）だけをそそぎます。反省、懺悔を求めず〝そのまゝ救う〟という愛です。その方法は『南無阿弥陀仏』と称えさせて救うと云うのです。ここは阿弥陀様の〝慈悲充満〟の国なのです。

親鸞聖人は、この阿弥陀様をほれぼれと仰ぎ〝南無阿弥陀仏〟と誉《ほ》め称《たた》えてのご一生でありました。「愚禿《ぐとく》」と名のり「弟子一人ももたず」と、「教」の立場に立たず、「聞」の側に身をおいて生きたお方であります。〝わたくし、同心の行者でございます〟

合掌

平成三年十月二日（水）

〝おとりこし〟――在家「お取り越し」報恩講――

〝おとりこし〟…一般の人には耳なれない言葉だと思いますが、浄土真宗（真宗も同じ）の門徒にとりましては、親しみのある言葉です。最近はお盆のお参りが、どこでも盛んでありますが、真宗門徒は、お盆参りはしなくても〝おとりこし〟だけは、毎年欠かしたことはないと云うほど大切にして来たものです（十月から十二月にかけて全国的に行われています）。

これは、浄土真宗のご開山、親鸞聖人のご命日（一月十六日＝旧暦の十一月二十八日ですが、西本願寺では明治新政府が太陽暦を採用した時に、日時よりも季節をとって、旧暦の十一月二十八日を太陽暦に当てて、一月十六日とした＝）法要が、京都本願寺で一月九日より十六日まで厳修されるのに先だち、門徒一軒一軒が、それぞれ、我が家で、親鸞聖人のご命日法要を営んで来たのです。ご命日の日時を手前に取り越して営むので〝おとりこし〟と云うならわしになったのです。

そのようなことで、私のお寺も十一月下旬から十二月下旬にかけて、それぞれの御門徒の家で〝おとりこし〟をつとめます。〝おとりこし〟をつとめないところは、真宗門徒とは言えません。

これは、普通の一般常識では考えられないことです。自分の血縁（先祖等）の者の法事はいたします（＝お盆参りもそうです）。しかし、まったく他人の法事を営むことなど考えられないことです。ところが、真宗門徒は〝おとりこし〟と云って、まったく血のつながりのない他人である親鸞聖人のご法事を、毎年毎年、門徒一軒一軒が、欠かさず丁寧につとめて来たのです。

ここに平等を説く仏教の真精神があります。血縁の者の法事は誰でもします。しかし、まったく他人である者の法事など思いもよらぬことです。まして、この頃は、他家の位牌を同じお仏壇の中に入れると〝バチが当たる〟とか〝いいことがない〟等と言って、排斥をしている有様です。気の毒なことです。

血は差別のはじまりです。平等は心の豊かさをはぐくみます。

作家の司馬遼太郎さんの言葉（風塵抄）をかりれば「差別ほどうすぎたないものはない。よほど自己に自信がないか、あるいは自我の確立ができていないか、それとも自分についての春の海のようにゆったりした誇りをもてずにいるか、どちらかにちがいない。

うっかり下着をトイレで汚したまま人前に出てしまった場合、いくら着かざっていても、心がひるむ。そんなとき、口臭のつよい人があらわれた場合、―こいつの口はくさい。―と、飛びあがるほどの気分で、自分のひるみという汚物をその人の肩に載せたがる。差別とは、自分のひるみの投影にすぎない」となる。

人間の国は、所詮くらべあいの世界であります。自分の知識・教養の中だけでは、くらべあいの世界から外に出ることはできません。だから、人の善悪の言葉に左右されることになります。

法（ダルマ＝釈迦発見の宇宙不変の真理）にめざめる以外には、くらべあいの世界からは抜け出ることはできないのです。

法（ダルマ）がそのまま顕現し、めざめよ、われをたのめと呼んで下さっているのが〝南無阿弥陀仏の阿弥陀さま〟だと教えて下さったお方が、親鸞聖人なのです。

『無上仏と申すは、かたちもなくまします。かたちもましまさぬゆゑに、自然《じねん》とは申すなり。かたちましますとしめすときは、無上涅槃とは申さず。かたちましまさぬやうをしらせんとて、はじめて弥陀仏とぞききならいて候ふ。弥陀仏は自然《じねん》のやうをしらせんれうㅤ（料）なり。――自然法爾章』

合掌

平成三年十二月四日（水）

阿弥陀様《あみださま》の本願《ねがい》――成就《はたらき》が南無阿弥陀仏――

あるお医者さんに送っていただいた医学報（日本医事新報）の中に、米国におけるダウン症児出産のことが記されてありました。ダウン症は、母親の年齢が高くなるにつれてその発生頻度が高くなるため、米国の州によっては、高齢妊婦には、羊水穿刺《ようすいせんし》による胎児のダウン症の診断が法的に許されている。そして、ダウン症であることが判明すれば、人工流産することも許される。しかも、産科医は、このことを高齢妊婦に告げる義務があるというのです。

四十歳の婦人が双児を妊娠した。前述の理由で羊水診断を行ったところ、一方は正常で他方はダウン症であることが判明した。そこで、その妊婦は、ダウン症胎児を子宮内で死亡させて、正常児の方だけを産ませてほしいと願った。

これにこたえて医師たちは、最新の知識と技術を駆使して、双胎の一方を死なせ他方と母体に悪影響が出現しないようにする。

まず裁判所の許可を得て、起こりうる多くの可能性に対して実に冷静に、確実に、科学的に対処しながら、ダウン症児をうまく殺すのである。

超音波で胎児の位置と部位を確認し、ダウン症胎児の心臓めがけて、体外から大きな針を刺していく。

そこで心臓から徐々に血液を抜いていく、この間、両方の胎児の心音をはじめ様々のモニターを行っている。二〇ccほど脱血したところで、ダウン症児の心音はうまく止まった。以後、母体や他方の胎児の状態を綿密に調べ、種々の手当てを行って、めでたく満期の出産をみた。というのである。

人間の境界《きょうがい》に生まれでる前に、良否の選別をする。理解できないことはありませんが、素直にうなずけないところがあります。自然の摂理に対抗して発達していくのが、科学の挑戦でありましょうか。何ともあと味の悪い思いがしますが、これが分別ある人間のすることです。人間の欲望と罪の深さを見る思いがします。しかし、そう言うわれわれだって縁があればそうするでありましょう。

はたして、人間の欲望の未来は、進歩なのでしょうか、破滅なのでしょうか。

人間の頭の中には、健常なることを善とする考えがあります。しかし、事実は、健康である自分自身が、老・病・死という人間苦のまっただ中にあって苦しんでいるではありませんか。この解決はどうするのですか。いずれ捨て去られる身です。

「あなたは〝癌〟です」と告げたらどうです。みんな一度は死ぬんですから……。ちょっと早いか遅いかの違いだけではありませんか。それなのに、なぜ告げられないのでしょうか。未来がないからです。人間の境界《きょうがい》を終えて次の生がわからないからです。無量寿経には、人は『愚痴矇昧《ぐちもうまい》にしてみずから智慧ありとおもうて、生の従来するところ、死の趣向するところを知らず』と説かれてあります。

人は、人間社会の繁栄の中にあると思って驕り高ぶることなかれ、死はあなたの築きあげた名誉・地位・お金……すべてを否定し去るのです。

人間が命終わる前、次の境界《きょうがい》に産まれる前に、人間が人間を選別するように、仏様が人間を選別したらどうでありましょうか。「悟りうるものは一人もあらじ」と云うことになりましょう。

阿弥陀仏の本願《ねがい》は、人間境界《きょうがい》での行い（身業《しんごう》・口業《くごう》・意業《いごう》）の如何によらず、すべてのものを救うというのです。『弥陀の本願には老少善悪の人をえらばれず、念仏にまさるべき善なき故に、悪をもおそるべからず、弥陀の本願をさまたぐるほどの悪なき故に―歎異抄―』お念仏を申しましょう。南無阿弥陀仏南無阿弥陀仏南無阿弥陀仏

合掌

平成四年一月十五日（水）

〝どんど焼き〟のこと

人は、誰でも、自分が意識するとしないとにかかわらず、心の奥深くに悲しみを持っています。（それが人間であるということです）。だから、そのことをまぎらすために、厄払い、願かけ等々の、いろいろなことをするのです。そして、それが自分だけでなく、そのことを人に勧めて、いかにも親切であるげに振る舞うけれども、それが悲しみを深くしていることを知りません。

『自損損他のとが　のがれ難く候』

正月行事の中で「どんど焼き」と「節分」があります。これらは、この頃幼稚園、小学校等でもさかんに行われていますが、あれは厄払いの行事なのです。

今日、日本の公教育は特定の宗教教育や活動を禁止しています。だから先生方は、教育の中に宗教が入り込むことを極端にきらいます。それはそれで良いのですが……。

門松・注連縄《しめなわ》（＝輪飾り）などは、日本人ならばどこの家でも用いるものと思っているふしがあります。ところが、私ども浄土真宗の門徒の家は、用いないのです。神棚もつくらないのです（但、このたびの大東亜戦争から多くの家庭に入り込んでいます。そのような戦争であったからです。しかし、そんな家でも神棚は、お仏壇の間《ま》には置いてありません。下の間《ま》か台所の方に置いてあります）。

ここは仏法領といい、仏様の国です。お仏壇があるというのは、先祖がいるところと言うのではありません。

この家は、阿弥陀如来という仏様の家なのです。この家の主人《あるじ》は阿弥陀様なのです。阿弥陀様の家に住まいするものは、阿弥陀様の子なのです。母（親）の目のとどくところにいる子は安心して遊ぶ、親（阿弥陀様）の目のとどくところにいるから安心して営みができるのです。

『夜昼つねにまもりつつ、よろづの悪鬼を近づけず』

厄払いすることもなければ、穢《けが》れを払うことも、願かけをすることもないのです。仏様に護られての日暮らしです。これが、仏法（浄土真宗）の家庭の営みであり、考え方です。

この頃は、マスコミに操られ、輪飾りをつけ、節分の豆をまき、クリスマスに浮かれる。それらのことをやめろと言うのではありませんが、軽はずみに人に勧めないでいただきたい。地獄に行きますよ。

小学校で冬休み明けに〝どんど焼き〟をするところが、だんだんあります。

先生が子どもに「あすどんど焼きをしますので、お正月に使った輪飾りを持って来て下さい」。輪飾りを用いないところはどうなるんでしょう。「お母ちゃん、あしたはどんど焼きをするから、輪飾りを持って来なさいと先生がいうちゃったよ」。さあお母さんは困ります。「うちは昔から輪飾りはしないんよ、だからないんよ」。「でも先生がそういうちゃったよ」。小学校の一・二年生にそれをわかるように云う力量は、若いお母さんにはありませんし、またわかりません。先生に言われて持っていかないと子どもが困るだろうと考える。その時は〝ない〟のですから何とかつくろうかもしれませんが、「ごめんね、来年からはうちも輪飾りをするからね」。

学校の先生は何も知らないかもしれないが、永年つづいて来たこの子の家庭の純粋な信仰形態をこうして壊すのです。小学校一・二年生にとって、先生の言うことなすことのすべてが大きな存在なのです。なんのことはない、宗教を嫌う先生が知らずに特定の宗教を普及していることになるのです。知らないことほど罪深いことはありません、懺悔も反省もなく平気でことを運ぶからです。

宗教は、人間の〝いのち〟の救いなのです。人間の人格をつくりあげるものなのです。たった一度の、やりなおしのきかない人生を生きているのです。

『深く経蔵《きょうぞう》に入りて、智慧海《ちえうみ》のごとくならん』

合掌

平成四年二月二十六日（水）

言葉は人格

――私が現在所属しております三重大学の日ごろ親しくしておりますA先生のお子さんが、昨年の四月に県立のある高等学校に入学をいたしました。私はお祝いを差し上げる都合がありましたので、A先生にお会いいたしまして確認をしたんです。

「先生のお子さん、確か今年高校生でしたよね」と尋ねたんですけども、返事がありません。ちょっとおかしいなあと思ったんですが、差し上げる物の都合がありましたから「どちらの高校へ行かれましたか」と尋ねました。返事がありません。さらに、私もしつこいものですから「行ったんでしょう」と念を押したんです。するとA先生は小さい声で「行くには行った」とこうおっしゃる。

そのうちにA先生は私から顔を背けまして、次のように言ったんです。「うちの子供はろくな高校ではありません」こういう物の言い方です。今、三重県に県立・公立・あるいは私立をまじえて、どのくらい高等学校があるか私は知りませんが、たくさんあると思います。しかしその中で、一校たりとも「ろくな学校」と名の付いた学校はないはずです。

このA先生の考え方は、まちがっております―略―ですから私は三十分ほどかけまして、A先生にお話をしたんです。ひどいじゃないかということから始まったわけです。ところが、わかったのかわからないのか知りませんが、結局A先生には何もわからないということが、私にわかったのです。——これは三重大学教授・今野敏彦先生の本願寺伝導院での講演の一部です。これを読んでいて思い出したのは、作家の司馬遼太郎さんの『風塵抄』の中の次のような言葉です。「漢字では、聴と聞とは意味がちがう。聴はその気になってきく場合につかわれる。たとえば相手が物をいう、ことばが連続して出てくる、その一語一語に頭の中のスクリーンが鮮烈に画像を映しつづけてゆかねば、語り手にとって、きき手は地蔵さんにすぎず、そういうきき手になりはてては、人生は痩せたものになってしまう。

頭の中にスクリーンがなければ、相手の話がうつらない。その人が決して頭が悪いというのではない。その人のもっている知識がスクリーンをくもらせているのです。だから鮮烈な映像がそのまゝうつらない。世間の様子を把握する足しにしているにすぎないので、中味は一つも変わらない」。

話をもとにもどします。

人間の世界は、くらべあいの世界です。自分の知識や教養の中だけでは、くらべあいの世界から出ることはできません。だから人は他人の言葉が気になるのです。

人間に〝いのち〟をいただいて、たった一度の人生を、他との比較の中でしか生きられないほど悲しいことはありません。

〝無上涅槃《むじょうねはん》〟——広い大きな、そして高く深い、変わることのない世界があることを知って下さい。真如といい一如といいます。そこからはたらき出て下さったのが如来です。『しかれば弥陀如来は如より来生《らいしょう》して、報・応・化、種々の身を示現したまふなり』

如来のはたらき〝南無阿弥陀仏〟。私もこの大いなるはたらきの中にいる一人なのです。人の悲しみに願いをおき、如来の〝いのち〟が言葉になり、言葉が〝いのち〟をはぐくみます。願いのあたたかさが心にとどきます。私の口を通して、声となり言葉となってきこえて下さる。

また、そのことが、言葉の大切さも教えてくれます。私達は言葉を使います。日頃はそれほどに大切なものとは思わずに使っていますが、言葉はいきているのです。

「ひとことで愛が生まれ、ひとことで愛を失う、ひとことが人を殺し　ひとことが人を拯《すく》う——木村無相」

言葉は、その人の人格であります。

合掌

平成四年四月一日（水）

続・言葉は人格 ——「思います」のごまかし——

この頃少々気になることがあります。それは「思います」という言葉です。頻繁に聞くようになりました。「思います」というのが悪いというのではありません。その使い方が少し気になるのです。敬老会・婦人会・○○会等々のいろいろの会に出た時、前に出て祝辞などを述べる方々の言葉です。「ひとことお祝いを申し上げたいと思います」、「ひとことご挨拶を申し上げたいと思います」と。今から本人が申し述べるのですから「思います」はいらないのではないのでしょうか。

もっとひどいのになると、テレビの記者会見などで、いろいろな事故で、死傷者を出した会社のトップのおわびの言葉です。

「このたびは、大変な事故をおこし、たくさんの怪我人を出しまして、被害者の方々には何と申し上げてよいやら、おわびの申しあげようもございません。誠に申しわけなく、衷心よりおわびを申し上げたいと思います」。すこしおかしいとは思いませんか。「思います」と思っただけで、おわびをしていないじゃありませんか。頭を下げていないじゃありませんか。—口先だけでごまかされてはいませんか—。

なぜ「お祝いを申し上げます」「おわびを申し上げます」といいきらないのでしょうか。

「思います」というのは「私はこう思います」と、自分の思い・意見を表明することでありましょう。それは、実践者の行動とは違います。思いを述べることは評論でしかありません。悲しい人は「悲しいと思います」、苦しい人は「苦しいと思います」とは言いません。そんな表現はしないことになっています。

ところが、この頃は、当人が自分自身のことを「悲しいと思います」。「苦しいと思います」と言う言い方をします。スポーツの大会など、若い優勝者へのインタビューを聞いておりますと「うれしいですか」。「はい、とてもうれしいと思います」と答えます。テレビ等の影響でしょうか、皆評論家になってしまいました。感激が伝わってきません。

私たちは、人間に生まれて、人間を実践しているのです。「人間をしているのだと思います」なんて滑稽です。実践者の言葉ではありません。

「思います」……責任を取らない時代の責任を取らない言葉です。人間のずるさ、自己防衛の表現なのでしょうか。そして「思います」をつけると何となくやわらかく聞こえます。ごまかさず、「……です」と言いきるには、言いきるだけの自信がいります。それよりも、すこしぼかして、逃げ場をつくっておけば、あとで文句を言われても言い逃れができる。

作家の司馬遼太郎さんの言葉（風塵抄）に、「私ども日本人は、無意味な言語に忍従するよう馴らされている。さらにいえば言語というものは魅力のないものだとあきらめているのである。……話し手の正直さこそが、言語における魅力をつくりだすということである。正直さの欠けた言語は、ただの音響にすぎない」。

浄土真宗の開山・親鸞聖人は、言葉を非常に大切にされたお方です。書きものを拝読しても、一言一句吟味して書かれてあります。他人に語る時も、聞く時もそうです。言葉を大切にして〝真実〟が伝えられます。

思いなど長々と述べなくても、黙って実践していただけば、それで充分なのです。

『よしあしの文字をもしらぬひとはみな　まことのこころなりけるを善悪の字しりがほは　おおそらごとのかたちなり―親鸞聖人和讃』

合掌

平成四年五月二十日（水）

〃いのち〃尊し

五月二十七日の朝日新聞は、超党派国会議員でつくる生命倫理研究議員連盟が、議員立法で今国会提出を目指していた臓器移植法案を「国民のコンセンサスをつくるには時間が必要」との理由で提出を見送ると報じ、「医療現場落胆と歓迎」と両者の意見を掲載してありました。

医学のめざましい進歩の中で、今〃いのち〃がほんろうされています。自然を征服するというあくなき欲望の上になり立つ科学の挑戦は、人間の生命まで操作するところまできています。

多数決で決まる人間の国では、大きな流れの中ではチッポケな一人の人間の生命などおし流されてしまうのでありましょうか。役に立つかどうかで値打ちの決まるところでは、衰えて捨てられていく者の〃いのち〃など誰も返り見る者などいなくなるのでしょうか。

人は死んだらゴミになると言った人がいましたが、ポンコツの自動車みたいに使える部品だけ取ってあとは捨てるのでしょうか。

人の目が外を見るように、科学の目は外のことであり〃他〃のことであります。科学の目がどれほど細微にわたって分析し説明ができたとしても、それは目の外のことです。人は科学ではなく〃情〃で生きています。〃情〃は目の外側のことではありません。内なる〃目〃のことです。人は他人の心の底の底まで見通すことはできない。人間が心を問わなくなった時、人は人でなくなるのです。この〝心〟が大切です。だから仏様（阿弥陀如来）が大切に大切にして下さるのです。仏様は最後の一息まで望みを捨てずに救いを告げ、心に呼びかけて可能性に賭けるのです。

「去月十四日、母が浄土へ還帰した。行年八十六歳。母は数年来徐々に老人性痴呆が進行した。しかし最後までニコニコし不平を一言も言わず手のかからない病人であった。二月初めから寝たきりとなった。この二年間母を中心に子らと共に歌い笑って過ごした日々であった。

寝込むまでの母はすでに記憶も思考力も減退していた。そんな毎日の中で私どもが掘りごたつで寝そべりテレビなどを見ていると、時々母の手が私らの体を押すようである。初めのころは、母の手を払ったりもした。しかし母は何もいわず幾度も毎日それが続く。ある日、これは大変なことだと気付いた。つまり母はこたつの掛け布団の端を私どもに着せようとしているのだ。前後の言動は健常者のそれではない。だがその中でも母なるいのちは生きている。子は背けども、いや背くほど母の命は働くのであろう。今にして、あの時の眼差しはあの行動はと、なんと尊いそして相済まぬ思いひとしおである。

九日より家内や姉の寝ずの番が始まった。以後数回家内がお母さんの脈が跡切れますと私を呼ぶ。そんなばかな、そんなはずはない。私は重い腰を上げ、やせこけた手首でなく母のお腹に手を置く。そこでは母の鼓動がきちんと鳴っていた。私は小学二、三年まで実に病弱で大病もし、三度は医者から見放されたらしい。その都度医者が、この子は心臓がいい、あとは心臓が頼り、もう一日心臓が動いてくれたらなんとかなる、と言ったそうで、母がよく私に語ってくれた。幼少で聞く母の言葉は何気なくとも耳の底に残る。……十四日朝、母の息がおかしいと家内がいった。すでに吐く息入るを待たずという呼吸であった。姉が綿で水を含ませると驚くほどの力で飲み込まれた。これが最後の母の力であった。私も弟も行った。しかし濡らしたにすぎない。母のお腹に手をやった。まだきちんと動いている。やがて止まった。ありがとう。長い間ご苦労様でした。母は強く温かし、そして偉大でありがたし」—長久寺徳瑞著『いのちの声』より—。豊かな〝いのち〟の営みであります。

「生きている臓器が欲しくて脳死という死を作る人間怖し—朝日歌壇」

科学の目は非情であります。

合掌

平成四年六月二十四日（水）

お寺まいりのこと　――常例法座――

私の寺では、毎月二十五日の午後二時から四時まで、常例の法座を開いています。参詣者全員で『正信念仏偈』のおつとめをして、すこし歌をうたいます。

一、生かされて　生きてきた。／生かされて　生きている。／生かされて生きて行こうと。／手をあわす　南無阿弥陀仏。

二、このままの　わがいのち。／このままの　わがこころ。／このままにたのみまいらせ。／ひたすらに　生きなん今日も。

三、あなかしこ　みほとけと。／あなかしこ　このわれと。／結ばるるこのとうとさに。／涙ぐむ　いのちの不思議。

それからお説教です。私が、おとりつぎをいたします。今は、蓮如上人のおのこし下さったお手紙、御文章《ごぶんしょう》を一通ずつ読んでいます。蓮如上人は、四十三歳で本願寺を継ぐことになりますが、四十六歳ごろから八十五歳で生涯を終えるまで、莫大なお手紙（現存するもの二百通以上）をのこされていますが、本願寺では、その中から八十通をとり出して五冊の本（五帳八十通＝第九代実如宗主が、あちこちにあるお手紙を集めて編集したもの）にまとめて用いています。その八十通を毎月一～二通読んできて、今年いっぱいで終わりますので、七年間かかったことになります。

蓮如上人は、本願寺第八代の宗主で、現在の本願寺をつくりあげたお方です。親鸞聖人の漢文の書『顕浄土真実教行証文類』を当時の人たちにわかりやすくかみくだき、手紙にしたためて示したのです。そして、字の読めないものには、字の読める者が読んで聞かせる（現在ご法事等で、御文章を拝読するという習慣は、ここらあたりにあるのでしょう）。そして、蓮如上人一代で全国津々浦々《つつうらうら》にまで浄土真宗のお念仏のご法義（信心正因・称名報恩）が、とどいて行ったのです。『聖人一流の御勧化《ごかんけ》のおもむきは、信心をもって本とせられ候ふ。そのゆえは、もろもろの雑行《ぞうぎょう》をなげすてて、一心に弥陀に帰命すれば、不可思議の願力として、仏のかたより往生は治定《じじょう》せしめたまふ。その位《くらい》を「一念発起入正定之聚」とも釈し、そのうえの称名念仏は、如来わが往生を定めたまひし御恩報尽の念仏とこころうべきなり。あなかしこ、あなかしこ』。

法座が終わりますと、皆さんがお茶を飲みながら、しばらくそれぞれにおしゃべりをしてお帰りになります。

元東京大学教授の笠原一男氏は、「蓮如という方は、思想的に親鸞をおんぶして、戦国乱世一〇〇年の時代を無傷で渡り切って、江戸時代に伝えた人物です。もし、蓮如が親鸞をおぶって戦国の世を渡らなかったら、江戸時代以降、現在に至るまで『親鸞の教え』はどんな姿で伝えられたかですね。正しい親鸞の教えは、鎌倉時代に置き去りにされたでしょう。―プレジデント『親鸞と蓮如』―」と語っています。

今にお念仏の御法義がいきいきと繁盛しているゆえんです。その蓮如上人、平成一〇年が五〇〇回忌にあたります。

どうぞ、お寺に、お参りに足をはこんでください。お待ちしています。

如来様の智慧（念仏）をいただいた人生は、先のみえる人生です。「お寺参りも、稼業もひとつあなたお慈悲の中でする御恩うれしや　南無阿弥陀仏―浅原才市」

合掌

平成四年七月二十二日（水）

諸悪莫作《しょあくまくさ》　衆善奉行《しゅぜんぶぎょう》　自浄其意《じじょうごい》　是諸仏教《ぜしょぶっきょう》　――七仏通戒《しちぶつつうかい》の偈《げ》――

『諸悪莫作　衆善奉行　自浄其意　是諸仏教（もろもろの悪をなすことなかれ、もろもろの善を奉行せよ、おのずからそのこころを浄めよ、これがもろもろの仏の教なり）』。これは、七仏通戒の偈といい、仏教を一言で示したことばとして、古来よりよくいわれてきた言葉です。

宗教（仏教を含めて）を道徳の延長のように考えているお方があるようですが（もちろんそんな宗教もありますが）、この偈を見てもおわかりのように、仏教は道徳とは次元を異にします。仏教はむしろ、道徳を批判する存在としてあるといった方が良いでしょう。

道徳は『諸悪莫作　衆善奉行』（悪いことをするな、善いことをしなさい）で止まります。ところが、仏教はその次に『自浄其意《じじょうごい》』（＝おのずからそのこころを浄めよ）とある。これが大切なところです。なぜなら、「悪いことをしてはならない、善いことをしなさい」と言うのは、たしかに立派なことです。しかし、善いことをしたという人の行為の奥には、善を誇る心がのこります。善を誇る心の裏には、悪を責める心が潜んでいるのです。人は、自分自身ではそのことに気づかないのです。他を非難する心のおそろしさに気づかないのです。

だから仏教は、次に『自浄其意』と、その心を捨てなさい、その心に打ち勝ちなさい、その執着（善悪にこだわる心）が良くないのです、と示して下さるのです。

阿弥陀仏の智慧・念仏の智慧は、仏法を聞かせることによって、そのこだわりを取り除いて下さるのです。なにが悪で、なにが善であるかも知らせて下さいます。

自分自身の愚かさに気づくことによって、他を見る目が変わってくるのです。悪を責めない、悪を許すことのできる人間へと大きく育てられるのです。これが仏教の一つの大きな〝ご利益《りやく》〟です。

では、何が善で、何が悪というのでしょうか。

ある小学校の六年生が、情操教育のために、うさぎを飼うことになったという。そして卒業を迎え、あとにのこったうさぎをどうするかということになった。新六年生にあとを引き継いでもらおうとお願いしたら、飼わないという。さてどうする。のこしていくわけにはいかない。飼う人がいなければ餓死するそれではかわいそう。もらってくれる人もいない。捨てるわけにもいかない。全員で相談したがなかなかうまくいかない。結局、皆で食べることになって、料理して食べたという。そうしたら、ＰＴＡから非難が出たという。残酷な、かわいそうな等々……。

ではどうする。子供達の結論としては、それが一番いい方法であるということになったのです。どこがいけないのですか。食べたのがいけないのですか、殺したのがいけないのですか。殺して食べたのがいけないのですか。では、お尋ねしますが、牛は食べても良いのですか、豚は鶏は殺して食べても良いのですか。それは、あなたの勝手な思いではありませんか。それとも、店頭にスライスしてならべてある肉なら良いのですか。その牛は、豚は鶏はだれが殺すのですか。殺すところは目をつぶって見らず、野菜のようにスライスした肉を、「おいしいおいしい」と食べる方がもっともっと罪が深いのではないでしょうか。

自分もその中の一人であるということを自覚すべきです。

歌人の土屋文明氏は、満百歳まで生きたお方です。その氏の歌に「百年はめでたしめでたし、我にありては生きて汚き百年なりき」というのがあります。

『まことに如来の御恩ということをばさたなくして、われもひとも、よしあしということをのみもうしあえり――歎異抄』

合掌

平成四年八月二十六日（水）

闘病の記 ――暗闇の中の味――

私ごとで恐縮でございますが、九月十一日山口日赤病院に目の診察に行きましたところ、網膜がはく離しており「これ以上動いたら失明します」という診断です。突然のことで、それこそ予期せぬできごとであります。昨日まで車の運転をし、夕方まで何の支障もなく法務をこなしていたのですから。

以前、私はこの欄で、病気というのは向こうからやって来る、それも「ごめん下さい」とも言わず、黙ってことわりもなしにずかずかと入りこんできて、気がついた時には中にいすわっている。無礼千萬な奴であると書いたことがありますが、まさにその通りです。

このまま入院ということです。予定など容赦しない、全部切り捨てということになる。〝いのち〟を生きるということは、このようなことなのでありましょう。入院のその日から絶対安静という。目にマスクをするので真っ暗闇の中です。はじめて真っ暗闇の中での生活？　がはじまる。これほど不自由なことはない。読み・書き・ソロバンと言ってきたものが全部ダメである。食べものも色が見えないのでおいしくない。たった一人の闇の中の毎日です。

暗闇の中で時々看護婦さんの声が聞こえます。「小川さんどうですか」。

「だあれもいない　ひとりのとき　お念仏さまがこうささやく――ひとりじゃあ　ないんだよ　ひとり

じゃあー。――木村無相」

十七日手術、その前日、看護婦さんがやって来て「私が手術担当の看護婦○○です」とわざわざ私のベッドまで挨拶に来て下さった。私は看護婦さんの顔は見えませんので、お礼を言い、ふと思い出したことがありましたので「私はお坊さんですのでお念仏をします。癖になっていますので手術の時に〝ナンマンダブツナンマンダブツ〟とお念仏を称えるかもしれませんがよろしいですか」と申しましたら「うふふ」とお笑いになって「どうぞなんぼでもお念仏を称えて下さい。いいですよ」とおっしゃって下さいました。安心しました。

手術後も目にマスクをかけ暗闇の中です。暗闇の中で思ったことは、呼びかけて下さる声の有り難さです。看護婦さんというのはやさしい人がなるのか、それとも看護婦になるとやさしくなるのか。まだ二十歳代の若い看護婦さん達ですが、顔が見えないほどに、つくり声でないやさしさが有り難く心にひびきます。

同時にお釈迦様が『観無量寿経』のお説法の中で、定善十三観（＝仏道修行の方法）を説く中、第一の日想観《にっそうかん》のところで「生盲《しょうもう》の者には日想観はできない」と、生まれながら目の見えない者に心よせてあるところを想いだし、阿弥陀仏が〝南無阿弥陀仏〟と口に称えられ、耳に聞こえる仏様になって下さったことの有り難さをうれしく思ったことです。

私達は、常日頃、光の中にいるから光の有り難さを思わない。健常な人は目が見えるというけれども、目が見えるのではなく、目は光を借りて見えるのです。光の中にいるからこそ、探すこともなく、そのまま恩恵にあずかっているわけです。

「ありがとうございます」―これをすなおに言える人は、今自分のおかれている〝場〟をそのままいただいていけるということでありましょう。

十月二十日、一カ月余の入院生活も終わりました。主治医の先生、看護婦さん、隣のお方、お見舞い下さったお方、皆さんありがとうございます。

「闇は光を知らざれど光は闇に入りたもう　そのみひかりの　みほとけを　ナムアミダブツとよびまつる―木村無相」

合掌

平成四年十二月二日（水）

新年を迎える

新年あけましておめでとうございます。平成五年、今年もこうして人間の〝いのち〟の中に新しい年を迎えることができました。

皆さんはどのように新年をお迎えになりましたでしょうか。

本願寺第八代・蓮如上人は、愛弟子の年始の挨拶に「道徳はいくつになる、よろしく念仏申さるべし」と申されています。

人は、それぞれの信仰の中で新年を迎えて来たのです。自分の欲望の中のみでしか新年を迎えることができないとしたら、これほど悲しいことはありません。

俳人・小林一茶は、その著『おらが春』の最初に「普甲寺上人の話」を出しています。「昔、丹後の国、普甲寺という所に深く浄土を願う上人があった。としの始は、世間では祝ひごとをして喜ぶということなので、自分もと思ひ、大晦日の夜、使っている小坊主に手紙を書いて渡し、『明朝こうせよ』としっかりと言いきかせて、本堂へ泊まりこませた。小坊主は、翌元日の朝、夜も明けきらぬ内に起きて、教えられた通り表門をドンドンと叩くと、内より『いづくより』と問う声。『西方弥陀仏より年始の使僧に候』と答えるよりはやく、上人は裸足でとび出し、門の扉を左右へさっと開いて、小坊主を上座へ請じ入れて、昨日書いて渡してあった手紙を手にとって、うやうやしくいただいて読みあげる。『其の世界は衆苦充満に候間、はやく吾が国に来たるべし。聖衆《しょうじゅ》（極楽浄土の菩薩様達）出むかひしてまち入候』と読み終わって『おゝおゝ』と泣いたという」。

一茶は何でこんな話を最初に記したのでありましょうか。この上人の一年のはじまりを一茶は次のように言います。

上人は自分でたくみにこしらえたことで、みずから涙を流して初春を祝う。こんな一人芝居をして喜ぶことは常人のすることとは思えぬが、お坊さんは、この世の無常を説くことを役目とすると聞くから、仏門においては祝いの最高なのであろうと。

それとはかわって自分（一茶）は俗塵に埋もれて世を渡る境遇であるが、（親鸞聖人の一流でありますから）鶴亀の祝いも、厄払いもしない。門松も立てない。それでも正月は迎えられる。「今年もあなたまかせになん迎えける（＝今年も阿弥陀さまのお慈悲に身をおいて何ごともなく迎えることができました）」。〝目出度《めでた》さも中くらいなりおらが春〟と。

しかし、ここには妙好人一茶の面目躍如たるところがあります。悲しい時だけが無常ではない。浮かれ祝っている時でも、ここは無常の世でありますよ。年の初め、わが信仰にくふうをこらして新年を迎えなさい。と言っているのではないでしょうか。この上人の正月が一茶の正月でもあるのです。

さて、わが家（光円寺）では、元旦は午前十時に仏参、勤行は正信念仏偈、ご和讃は第一首『弥陀成仏のこのかたは、いまに十劫《じっこう》をへたまへり　法身《ほっしん》の光輪《こうりん》きはもなく　世《せ》の盲冥《もうみょう》をてらすなり』から始まります。そして御開山様（親鸞聖人）にご挨拶をして、元旦の御文を拝読、住職のみじかいお説教があって、領解文《りょうげもん》をとなえて勤行がおわります。そこではじめて家族・お参りの方にそれぞれ「新年あけましておめでとうございます」と一人一人と挨拶をかわします。

「浄土真宗には浄土真宗のお正月の迎え方があるのでしょう」。ある時お寺のお総代さんに問われたことがあります。その通りです。一茶の正月、お寺の正月。百聞は一見にしかず。毎年このお総代さんはお参りなさいます。「一年の計は元旦にあり」と言うではありませんか。

「生くる今も　死しての後もわれというものの残せる　ひとすじの道―九条武子」

合掌

平成五年一月六日（水）

往生は一人のしのぎなり ——弥陀《みだ》の浄土は無量光明土——

テレビのニュース等で、人の亡くなったことを告げたアナウンサーが最後に「ご冥福をお祈りします」と、必ずといっていいほどつけ加えます。あれは個人の裁量でいっているのでしょうか。それとも放送会社の指示なのでしょうか。あんなことを臆面もなく、全国の人々にむけて、よくも堂々と言ってのけるものだと感心します。こんな失礼なことはありません。偉そうに、いらぬお世話です。辞書を引けばわかることですが、冥福の「冥」という字は「やみ」「くらい」という意味です。亡くなった人は皆んな冥土（暗闇の世界）に行っているときめているのです。死んだ者は皆んな冥界を一人さびしく迷いつづける者と言うのです。〝浄土〟をもたないものの言です。

日本には仏教の人がたくさんいます。仏教は〝後生の一大事〟を説きます。極楽浄土は〝無量光明土〟あかるくかがやいた国です。仏法をいただいた人は、今生からこの国への約束の道を生きるのです。

「才市はどこにおる浄土をもろうて　娑婆《しゃば》におる　これがよろこびなむあみだぶつ—浅原才市」

言葉をつけ加えるならば、あとにのこされたものの悲しみを思い「お悔み申し上げます」と言った方が、どれほど親切でありましょうか。

『往生は一人一人のしのぎなり』これは私一人の歩く道なのです。誰もさわることのできない、そしてさえぎることのできないのがこの道なのです。他の誰かがひとこと言ったくらいで変わるようなものではないのです。〝地獄ゆきは地獄ゆき〟なのです。

また、最近「宗教は祈りである」という言葉を耳にします。わかりやすい言い方ですが、仏教は祈りの宗教ではありません。

祈らなければ救われないとするならば、祈ることのできない人、祈ることを知らない人はどうなるのでしょう。祈ることのできない人、祈ることを知らない者までが〝仏様の願いの眼の中にある〟というのが仏教です。阿弥陀仏の本願です。

「安心せよ、ひきうけた」の如来のよび声を聞いて安堵するのです。仏の智慧が慈悲・方便（南無阿弥陀仏）とあらわれいでて、そのものの身となって悟りの身（仏）に仕上げるというのです。

――「安雄、解決はついた、すぐ帰れ。父――」先日の新聞の訪ね人の欄で見かけたものです。何か不都合をおこして息子は家におれなくなって出ていったのでしょう。息子の出たあと、父は東奔西走して息子の不都合の解決をつけたのです。そして、どこにいるかわからぬ息子に父は告げるのです。「お前の心配のすべては父が解決をつけた。安心して帰って来い」。その呼びかけの文字を見た時、息子はどう思うでしょう。「ああ、よかった。お父さんありがとう」と思うにちがいありません。子がお願いしたのではない。祈ったのでもない。子は黙って出ていったのです。父の子を思う心がそうしたのです。

ここに親あり南無阿弥陀仏。『真如一実の功徳宝海なり』仏（＝お釈迦様）の教は、如来（＝阿弥陀如来）の救い（慈悲）が私にどう完成したかを告げるのです。この救いの完成（南無阿弥陀仏）が聞こえた時、私の心にとどいた時、私は安堵するのです。これを〝信心〟といいます。

「仏様のおことばがわかる　今の生《いのち》いただきまして　ありがとうございます。
仏様をお聴かせいただく身に　させていただきまして　ありがとうございます。
お念仏をいただくことができまして　ありがとうございました。
喜んでこの生《いのち》終わらせていただきます。」

合掌

平成五年二月三日（水）

—鈴木章子『癌告知のあとで』—

法事の挨拶《あいさつ》 ――地獄ゆきが仏事をなす――

この頃ご門徒の法事にお参りして、気になることをすこし述べてみようと思います。

普通、ご門徒の法事では、読経がすむとお斎《とき》が出ます。お斎をさしあげる前に施主《せしゅ》（＝主人）の挨拶があります。

「ひとことご挨拶を申し上げます。

ご案内の通り、今日は、なき○○の○○回忌のご法事でございます。命日は○月○日でございますが、勝手をかまえて、すこし取り越して今日ということに致しました。

お寺様（＝ご院家様《いんげさま》）には、おことい（事多い＝忙しい）ところをわざわざ日をあけておさがり下さいまして、丁寧なお取り次ぎをいただき、誠に有り難うございます。

また、ご親戚の皆さま方には、ご案内を致しましたところ、公私共にご多忙の中、お焼香いただき、その上ご仏前には過分なるお供物、御仏前と誠に有り難うございます。

前に出したものは、お粗末なことで充分なおしむけもできませんが、故人の思い出話などまじえながら、どうぞごゆっくりお召し上がり下さいませ」

これが法事を行う家の主人（＝施主）の挨拶ですが、この頃はこのような挨拶をしなくなりました。

「ひとことご挨拶申し上げます。今日は、ご案内の通り、なき○○の○○回忌のご法事でございます。ご親戚の皆様には、ご案内をさし上げましたところ、お忙しい中おさしくりいただき、お焼香下さいまして誠に有り難うございました。その上、ご仏前には過分なるお供物、御仏前と誠に有り難うございます。前に出しましたものは、お粗末なことで充分なおしむけもできませんが、酒ほどは充分用意してありますので、どうぞごゆっくりお召し上がり下さいませ」と、〝お寺様〟が出てこなくなりました。

法事の正客は、僧侶であるお寺様です。ご院家様です。お寺様へのお礼の言葉がないということは、読経が終わったら、これで法事はすんだと思っているようです。

それで、これ以後は、お寺様をまじえて親戚の者をもてなす会食というのでありましょう。だから、そこでの話もゴルフの話、魚釣りの話しで、仏様の話などあまり出ません。

法事の時に出す食事を「おとき」といいます。「斎」と書いて「とき」と読む。仏弟子の戒律として正午を過ぎての食事を禁じたので、時間内（午前中）の食事を「斎《とき》」。時間外（午後）にとる食事を「非時《ひじ》」といいます。お斎には、食をつつしむという意がありますので、普通の会食と違います。だから到彼岸の行（＝布施・持戒・忍辱・精進・禅定・智慧）の中の一つ〝精進〟という言葉を使ってきました。

法事の正客は親戚の人ではなく、お寺様です。お斎は僧供養なのです。法事によばれた親戚は、お寺様のお相伴《しょうばん》にあづかるのです。だから、おとしよりは「お相伴をいたします」という言葉をよく使います。

主人は挨拶が終わったら「それでは、おどくみをいたします」と先にお酒の燗のつき具合をみてから、お寺様から酒をついでいきます。一同つぎ終わったら、主人はあらためて「それではどうぞ、お召しあがり下さい」または「どうぞ、お箸をなさいませ」とおすすめをする。そこではじめて一同合掌して「いただきます」と箸をつけることになります。

法事は、その家の主人が親戚をよんでご馳走をするというのではありません。縁ある人達をよんで仏法をふるまうのです。だから、法事を主催する人を〝施主〟というのです。

仏教の専門家であるお寺様（僧侶）をお招きして、仏法をふるまっていただく（＝法施）ので、布施（＝財施）をするのです。

お斎は法談の場なのです。蓮如上人は『信心のさたなくして、酒・飯・茶なんどばかりにて、みなみな退散せり』と戒められます。お斎の座まで法事の中であり、御仏事なのです。

合掌

平成五年三月十日（水）

死刑執行三年四カ月ぶり　——真の自由への道とは——

三月二十三日の朝日新聞は一面トップの見出しで大きく「死刑三年四ケ月ぶり執行」と報じ、社説にもとりあげ、賛否両論の意見を掲載して、死刑の是非について世論に訴えています。

人は自由を求めて生きています。だから罪を犯すとその人の自由を奪うということで禁固があり、今のところその究極が死（＝死刑）でありましょう。

一人の人間が真の自由を得るということはどんなことでありましょうか。信仰の人は死よりも心の自由を大切にします。死は必然であることを受け入れているからです。

人は心を大切にします。しかし、普通は死よりも心を大切にすることはありません。仏様は死よりも心を大切にして下さいます。心の安堵は死をのり越えることができるからです。

「仏様のおことばがわかる　今の生《いのち》いただきまして　ありがとうございました。仏法をお聞かせいただく身にさせていただきましてありがとうございました。お念仏をいただくことができまして　ありがとうございました　喜んで　この生《いのち》終わらせていただきます」四十六歳で夫と四人の子供をのこして乳癌で往った鈴木章子さんの詩です。（＝『癌告知のあとで』より）。

考えてもみて下さい。体は他に拘束されますが、心だけは何人にも拘束されることはありません。

たとえ囚われの身であっても、また、ぐるぐる巻きに縛りあげられていても、その人の心だけは自由なはずです。その人の心まで縛ることはできないからです。

なぜ死刑がいけないのか、世界のすう勢だから、世界的世論だからというのは多数決の論です。多数決は支配の論理だと云った人がいます。危険を伴います。そうではなく一番根本にあるのは、やはり心の自由を奪うということです。死刑に処することによって自由であるべき心まで殺すことになるというのです。

そこで、あらためて日常生活を考えてみて下さい。自分のしたこと（行為＝業という）に自分の心が縛られていませんか。（＝子供がほしいと子供が産まれたら、その子に縛られる等々）。自分の行為（欲という垢のついた行い）によって自分を縛るのですから、これは自分自身では永遠に解きほぐすことも出来なければ、逃れることもできません。同じことのくり返しで解決はありません（これを迷いという）。この心を縛った縄が解けなければ、本当の自由はない。ところが、今みたように人間は自分の力では永遠にこのくり返し（迷い）から脱出することはできないのです。中国の曇鸞《どんらん》というお坊さんは、尺とり虫の丸い輪をまわるにたとえ、蚕《かいこ》が自分の出した糸で自分の体を縛るにたとえています。人間がどれほど考えても、所詮、人間は人間以外の何ものでもないのですから、人間の頭から出られる道理がありません。自分の頭の中をぐるぐるまわるだけです。

ここに仏様の願い（本願）を建てた理由があります。迷いからの脱出、業の縄からの解放（＝悟《さとり》・解脱《げだつ》）が仏様の願いの根本です。真の自由への道です。

仏様は見ることができませんので、聞いて知るより外に方法がありません。私は耳を開くだけです。

仏様の智慧の眼《まなこ》は、ある物をあるがままに見る。私は自分の目に映る都合（＝欲）が優先するから煙《もやもや》が幽霊に見える。

仏様を聞くと云うことは、私が仏様の智慧の眼を通して物を見ることのできる人間になるということでもあります。結果として、仏様の智慧が縛られた心の縄を一つ一つ解きほどいて下さるということになります。

「長いいのちの歴史の中に　今　私が在ることに気がつかされたら　生死のきれめが見えなくなりました――鈴木章子――」

合掌

平成五年四月七日（水）

降誕会《ごうたんえ》

五月二十一日は、浄土真宗の御開山・親鸞聖人のお誕生日です。五月になりますと、全国津々浦々の浄土真宗のお寺では、親鸞聖人のお誕生をお祝いする法会《ほうえ》〝降誕会〟が行なわれます。山口県も例外ではありません。報恩講ほどではありませんが、それぞれのお寺で〝餅まきがあったり、福引があったり〟と趣向を凝らした法会がおこなわれます。

私のお寺では、今年は五月十日におこないました。前日からお寺の総代さん方が出て、本堂に舞台をつくります。当日は、参詣者全員で親鸞聖人ご製作の『正信念仏偈』を唱和して、ご開山様のお徳をたたえ、住職である私のお説教と、本願寺が製作したアニメ映画（＝今年は『仏説阿弥陀経』をわかりやすくアニメ化して作りあげた『極楽浄土』でした）を上映。終わるとだいたいお昼になります。お昼は、お祝いの席です。

参詣者には、お誕生のお祝いの紅白のお饅頭がくばられます。お昼を一緒にしながら舞台の上でくりひろげられるお祝いの舞、日本舞踊、詩吟などを鑑賞し、カラオケ、余興などもはいり、この日ばかりはお寺の中で楽しい一日をすごすことになります。

仏教では、命日をご縁とした法要はたくさんありますが、誕生日を祝う法要はあまりなかったようです。

仏教で皆さんが知っているのは、お釈迦様の誕生日をお祝いする四月八日の〝花まつり〟ぐらいではないでしょうか。

親鸞聖人の〝降誕会〟の起源は、今から百八十年ほど前の文化年間、本願寺第十九代、本如宗主の時にはじまります。

親鸞聖人のお誕生は、承安三年（西暦一一七三年）ですから、今年で八二〇年になります。八百年前には名もなき野の人であった人が、八百年後の今日、毎年毎年たくさんの人びとから誕生の祝福を受ける。人間のつきあいだけの世界ではありえないことです。

百姓の小せがれから天下を取った、あの太閤秀吉。当時も今も知らない人はないほどの天下人。お墓が京都東山にあります。京都女子大学の隣にある「豊国廟」がそれです。行楽や散歩に行く人はあっても、この人の徳を訪ねてお参りする人がどれほどありましょうか。

京都・本願寺・東山大谷の親鸞聖人の御廟には、年間何十万人という人がおとずれます。観光ではありません。お徳を慕いお参りするのです。御開山様に会いに行くのです。

本願寺第十四代、寂如宗主は次のように讃じています。

『韜名愚禿畏人知《トウベイグトクイジンチ》　高徳弥彰澆李時《コウトクビショウゲウキシ》　誰了如来興世意《スイリョウジョライコウセイい》　直標浄典属今師《チョクヒョウセイテンショッキムシ》』（＝愚禿に名をかくして人

に知らるるを畏《おそ》る　高徳いよいよ彰《あらわ》る澆季《ぎょうき》の時　誰か如来興世《にょらいこうせ》の意を了せんや　直ちに浄典をかかげて今師《こんし》に属す）。このお方は人の前に名をあきらかにすることを嫌ったお方です。むしろ人に知られることを畏れてくらしたお方です。ところが末の世になればなるほど、このお方の高いお徳は人びとの中にあきらかになってくる。それは、誰もみぬくことのできなかったお釈迦様出世のご本意（＝南無阿弥陀仏のお念仏一つで凡夫が仏になる）をあきらかにして下さったからです。そうです、お釈迦様は浄土の経典をたかだかとかかげてこのお方に直接手わたしたのですから（＝漢詩のおこころ）。

お釈迦様は、浄土の三部経（＝お念仏の宗教）を説くために、お浄土から印度の国にお出まし下さったのです。そこに説かれる救いの相手は、仏道の修行にたえうる者（＝善人）ではなく、日の当たることもなく、名もなく捨てられ、忘れ去られていく者（＝悪人）でありました。その代表が〝この親鸞です〟と、私の手をとり共に歩いて下さるのです。

「闇に迷う　われひとの　生くる道は　ひらけたり～たたえまつれ　今日の日を　祝いまつれ今日の日を」

合掌

平成五年十九日（水）

大人を生きる

昨年の十一月十四日の夜遅くのこと、何げなくテレビのスイッチを入れると、秋吉久美子という若い女優さんが出て話をしている。「若い男は、一に傲慢、二に不遜、三に純粋、だから嫌い」と、それに対して司会者が「一と二はわからないでもないが、純粋だから嫌いというのはどういうことですか」と尋ねる。この問いに彼女は「自分だけが傷つきやすいと思っている。他も傷つくものだということを思っていない。だから……」という。

子どもの頃、人は誰でも、やさしいきれいな心を貴び、美しい生活をするものと思っています。それを子どもの心で正義というのでありましょう。そして、自分の正しさを誇り、末ながく清らかであろうとかたく心に誓います。

それが、人を知り、多くの人々と交わっていくうちに、いつの間にか嘘をつくことをおぼえ、他人を疑うことを知ります。

嘘をつく人、他を疑う人を嘲り、さげすんできたのに、その自分があろうことか、嘘をつき、人を騙し、他人に疑いの目をむける。何としたことか……。そして、人間の国とはそんなものだと納得するまでには、ずい分と年月がかかりました。

そして、大人《おとな》になったのです。

納得できる身になったら、すべてが解決したでありましょうか。いや、それでも嘘をつくやつには腹が立つ、騙されては腹を立てる。自分を疑うやつには怒りをぶつける。他人には嘘をつき、疑いの目をむけながら、自分に向けられた嘘や疑いには腹を立てる。何と矛盾した存在なのでありましょうか。

六月十六日の朝日新聞文化欄で紹介された本「納棺夫日記―青木新門著」の中の著者の言葉に、「死の氾濫した戦争の時代のあと、私たちは生に絶対の価値をおくようになった。死の病床にある人にまで『がんばれ、がんばれ』と生の思想を押しつけ、死ぬ瞬間まで死を直視することを許さない。しかし、人間の欲望を肯定する生の思想は、欲望の肥大化に限界がみえて、すでに行き詰まっている。最近の新しい宗教のように、オカルト的な神秘主義にもどっても解決にはならない。既成の仏教教団も生の思想から抜け出ていない」と。

戦後五十年、日本の繁栄は科学の発展と共に知識をいっぱい詰めこんで、身のまわりのもので説明のできないものはなくなったけれども、こと我が〝いのち（＝死）〟に関しては目を背けてきたのではないでしょうか。般若心経がもてはやされます。『色即是空・空即是色』と解くこのお経の意味の解説はすき間なくできます。が、なま身のこの私が、解説でない現実を『色即是空・空即是色』と生きているでありましょうか。

『出る息入るをまたず』。生きるのも私ですが、死ぬのも私なのです。『無量寿経』は『かくのごとくの世人～愚痴矇昧《ぐちもうまい》にしてみずから智慧ありとおもうて、生の従来するところ、死の趣向するところを知らず』と説きます。仏教は、人生を〝生死《しょうじ》〟と表現します。生と死をわけないのです。死に向かって生きているのです。人生は矛盾を生きているのです。

作家の水上勉さんは「われわれは、生まれてしまったのだからもうすぐ死なねばならぬ。その日が、突然うしろからやってくるのも、大昔からの常識だ。望むらくは、うしろからきた死神さんに、（ああ死神も神さまのひとりである）「ああ、きたかね、待ってたんだよ」ぐらい言える心境になっていたいものだ―『仏教No. 22』法蔵館」という。

私は、本当に大人になったのでしょうか。

『よしあしの文字を知らぬ人はみな、まことの心なりけるを、善悪の字しり顔は、おおそらごとのかたちなり』とは浄土真宗の開山・親鸞聖人のおことばでございます。南無阿弥陀仏南無阿弥陀仏。

合掌

平成五年六月二十三日（水）

平生業成《へいぜいごうじょう》　――現在ただ今の救い――

「闇のおくのおくなる闇をおそれつつ、われの一生《ひとよ》や過ぎゆかんとす―朝日歌壇」

仏法は人の生き方（＝いかに生きるべきか）は説かない。人生はそれぞれであり、自由であるからです。しかし、その人の暮らしぶりがどのようなものであろうとも〝かならず救う〟というのが仏様（阿弥陀如来）なのです。

〝救い〟それは、いついかなる時でもその人には未来があるということでありましょう。老いも若きもそのことは同じことですが、特に老人社会において言われる「老後をいかに生きるか」「老人の生きがい」ということの答えでもあります。

今日のような高齢化社会になって、高度成長の時代を駆け抜けてきた老人達は、目の前の欲望という果実から手を放すことができずにうろうろしているというのが現実のようです。死の氾濫した戦争のあと、日本は戦争のない平和な営みの中で五十年、めざましい医学の進歩と平均寿命という統計の中で〝生きる〟ということはどんなことかということを誤魔化されてきたようです。豊かな人生を生きるという前に〝死を殺してしまった〟ようです。現実の外に〝生〟をながめてきたのかもしれません。

〝生きる〟ということは、死に向かって生きているということです。〝死〟を省略しては〝生きる〟ということがわからなくなります。ところが、今の私達の生活の中でどれほど〝死〟を見ることがあるでしょう。

先日車を走らせながらラジオでこんな話を聞きました。「今日はお葬式だよ」というお父さんの言葉に「エッ誰が殺されたの」と聞く小学生の子どもに驚いたというのです。今家庭の中でおだやかな人の死を見ることはほとんどありません。家の中で見る人の死はテレビに写し出される殺戮です。ピストルで撃たれた、殺された等の死です。子ども達にとって〝死〟は殺人のところにしかないのかもしれません。物豊かな時代、欲望だけが肥大して老いも若きも〝死（＝豊かな死）〟がないのです。

人は戦後五十年、ニンジンを前に走りつづける馬を演じて来たのでしょうか。

初めての道を行く時には、前方だけを見て行ったのでは帰り道がわからなくなると聞いたことがあります。

敵地を偵察に出かける斥候《せっこう》はかならず二人でいく、それでもまったく初めてのところ、前方の敵地を目ざしまっすぐ進んだのでは、敵を発見し、いざ報告に帰ろうと思っても今来た道がわからないという。ではどうして進むかというと、しばらく進んだら立ち止まって後ろをふり返り、今進んで来た後ろの景色を目の中に入れておく、またしばらく行ったら立ち止まって同じことをくり返しながら進む。そうしないと来た道がわからなくなり帰れなくなるというしだいです。表から見た景色と裏から見た景色は違います。前から見た景色と後ろから見た景色は違います。

人生も同じようなものです。それこそ初めての道を歩くのです。あともどりのできない老いの坂道を一歩一歩登っていくのです。時どき立ち止まってふり返らないと帰り道がわからなくなります。「せまい日本そんなに急いでどこへいく」という標語がありましたが、たった一度の人生、わが〝いのち〟の方向はこれでよいのか、気がついたら行きどまりであった。前には真っ暗な世界が手をひろげて待っていた。というのでは間にあいません。

〝生〟の裏には〝死〟がくっついています。死の側から生を見ることはできませんが、生から死を見ることはできます。幸いに真理を悟った仏様の言葉があります。

限りある私の〝生命〟に仏様の永遠の〝いのち（＝無量寿）〟が入りこんで、私の〝生命〟と仏様の〝いのち〟が一つになって「南無阿弥陀仏」、口に一声称えてごらん。われながらなんと貴き〝いのち〟を恵まれたものだと思わずにはおれません。

合掌

平成五年七月二十八日（水）

仏教講座　――ちょっと　のぞいてみませんか――

『仏法者申され候。若きとき仏法はたしなめと候。としよれば行歩《ぎょうぶ》もかなはず、ねぶたくもあるなり、ただ若きときたしなめと候ふ―蓮如上人御一代記聞書』

九月四日（土）、五日（日）は、私のお寺の「仏教講座」です。今年で十二回を数えます。この時期二百十日を迎えます。台風シーズンで日時の設定に苦心します。しかし、第一回を除いてだいたい天候に恵まれてきました。

第一回は降る、吹くの大雨で参詣者が心配されましたが、このような催しは初めてでもあり、珍しくもあり、興味もあったのでしょう、大雨の中、光円寺の本堂いっぱいの参詣者でございました。

このお寺は、いつも午前・午後の開座で、参詣者にはお昼を出す習慣があります。このたびも同様です。光円寺みのり仏教婦人会主催ということで、相談の結果、会員の皆さんが「おむすび」をつくろうということになりました（最近は食中毒などの心配があり外注）。参詣者は不特定多数で人数はわかりません。一人前おむすび三個、何人分をつくるかというのがこれまた大変。あまれば腐る、足らねばまた困る、苦心をするところです。一日目二百人分を作りました。会員の皆さんは午前七時ぐらいから出て、おむすびの用意です。大雨というのに百五十人分のおむすびが出ました。ありがたいことです。両日で三百人分というところでした。住職も婦人会長をはじめ会員の皆さんもまずまずの成功でほっとしたことをおぼえています。

住職にはもう一つ大変があります。それは講師の選定です。これほどむずかしいものはありません。昔からお寺のお説教では「聞く人四人」といいます。その四人とは、一人は他宗の人、一人は知識人、一人は真宗信者、一人は無学の人といわれてきました。どれほど群参であろうともこの四人だというのです。この四人に間違いなく真の仏法を伝えなくてはなりませんし、そのことのできる人でなければなりません。住職はつねにアンテナをはっておかなくては毎年の講師にゆきづまります。

第六回の時の講師は大阪の相愛大学教授の中西智海先生（現学長）でしたが、先生いわく「ここのお寺の参詣者の構成はおもしろいですね」といわれました。本当にそうなのです、聞く人四人なのです。大学の先生あり、サラリーマンあり、家庭の主婦あり、青年から老人等々まことにバラエティーに富んでいます。それこそ老若男女です。しかし、これが仏法のよいところであり、またそうでなくてはならないところなのです。長さのない命を生きているわけですから。今〝いのち〟の解決をしておかなくては間に合わないのです。

人は生まれて、老いて、病んで、死ぬ。これは知識でも評論でもない事実なのですから私が引き受けていくよりほかないのです。本願寺第八代蓮如上人は『明日もしらぬ命にてこそ候ふに、なにごとを申すも命おわり候はば、いたづらごとにてあるべく候ふ。命のうちに不審もとくとくはれられ候はでは、さだめて後悔のみにて候はんずるぞ、御こころえあるべく候ふ』とねんごろにご教示下さいます。

今年は蓮如上人の研究をつづけてきた本願寺中央仏教学院講師の藤澤量正先生をお招きして、四十三歳から八十五歳までの一代で今日の本願寺教団をつくりあげた第八代蓮如上人の御一代を講じていただこうと思っています。五百年前、わずか一代で日本全国津々浦々まで真宗念仏が行きとどいたのは、蓮如上人の説きぶりと念仏の中味に原因が在るのです。蓮如教学は『雑行《ぞうぎょう》をすてて後生《ごしょう》たすけたまえと一心に弥陀をたのめ』につきるといわれます。また、この頃は別の面から企業の経営者までが「蓮如を学ぶ」とこのお方に目・耳をむけています。

「仏教講座」—両日共午前十時・午後一時開講です。ちょっとのぞいてみませんか。

合掌

平成五年九月一日（水）

魔郷《まきょう》には停《とど》まるべからず

「割れやすき　器のごとき　生命なり　今ひとときを　かがやきていたし」

私のお寺の掲示板に出してある今月の言葉です。主人（真吾）と三男一女（啓介・大介・慎介・真弥）をのこして、ガンで四十六歳の生涯を閉じた鈴木章子という人の詩です。

テレビの人気司会者・逸見政孝さんが「ガン闘病宣言」を行ったのが、九月六日。「正直こわいです、でも闘います」とテレビの会見での言葉でした。九月十八日の朝日新聞の社会欄に「逸見宣言でガン直視」「検診受診が急増」との見出しです。〝ガンは不治の病…？〟。ガンでなくとも人は死ぬ、死が見えた時、人はそれにどう対処するかということでありましょう。おそろしいのはガンではなく死なのですから。

鈴木章子さんは『癌告知のあとで』の著書の中で

―昭和五十九年四月、当時寺が運営している幼稚園の園長であった私の胸に「えんちょうせんせい」といって、子どもが勢いよくとびこんできました。その時、左乳につきさすような激痛が走りました。これがガンとのはじめての出会いでした。―略―乳ガンを手術した後の経過は大変良好でした。昭和六十二年六月二十四日、三年目の検診をしたとき、手術以来お世話になっているH先生が写真の左肺上葉部分を指でなぞりながら「ここに疑わしい部分がありますので、詳しく検査してみましょう」といわれました。左肺上葉に四×五×四センチ程の大きさの腫瘍あり悪性のものであり、これは転移でなく新たにできたガンだという。—略—よく新聞などで有名人がガンで亡くなると「ガンに負けた」といいますが、死が負けであるなら、生きとし生けるものすべて敗者であろうと思います。私は肺一葉切りとることにより、元気な頃よりも自分の体を自覚し、「手もあった！　足もあった！　あれもこれもあった！あった！」と、想いもかけずありあまる程の沢山のものをいただくことができました。また、ガンという病気のおかげで、死をみつめなおし、過去四十六年間の生命をもう一度生きることができました—と記しています。以下は彼女の詩です。

「死というものを　自覚したら　生というものが　より強く浮上してきた　相反するものが　融合して
安らげる不思議さ…」—生死—
「抗ガン剤で　抜けてゆく髪一本　どうしょうもできない私が　残された子供達が　どうなるか心配で
夜もねむられぬほど　悩んでいる」—うぬぼれ—
「死の別離の　悲しみのむこうに　大いなるふる里の灯が見える　慎介　大介　啓介　真弥　あなた
この灯をめざして歩んで欲しい　あなた…私の還ったふる里　子供達に　教えてあげて…」—願い—
「転々移を告げられても　ああ　そうですか　これから　治療法を考えてゆくだけ　私が死ぬ身である

こと　少しも変らぬ事実が　私に衝撃をあたえない　仏智の眼は常にあたたかい」―仏智―

「何もかも　身にすぎたことばかり　ナムアミダブツ　ナムアミダブツ」

「仏様のおことばがわかる　今の生《いのち》　いただきまして　ありがとうございました。仏法をお聴かせいただく身に　させていただきまして　ありがとうございました。お念仏をいただくことができまして　ありがとうございました。喜んで　この生《いのち》　終らせていただきます。」―鈴木章子―

中国浄土教の祖、善導大師のことばに「帰去来《いざいなん》、魔郷には停まるべからず。曠劫《こうごう》よりこのかた六道に流転して、ことごとくみな経《へ》たり。到るところに余の楽しみなし。ただ愁歎の声を聞く。この生平《しょうひょう》を畢《お》へてのち、かの涅槃《ねはん》の城《みやこ》に入らん」と。日本浄土教の祖、法然聖人から親鸞聖人へと継承された〝念仏〟は『今現在説法《こんげんざいせっぽう》』でございます。

合掌

平成五年十月六日（水）

迷信《めいしん》・俗信《ぞくしん》 ――六曜《ろくよう》のこと――

先月、山口市の市報十月五日号と一緒に配られてきた一九九四（平成六年）健康カレンダー（第七回健康まつり＝十月三十一日の広告の裏面）をふと見て驚いたことです。健康カレンダーと銘打ってありますが、そのカレンダーには六曜（先勝・友引・先負・仏滅・大安・赤口）が採用してあるではありませんか。健康とどのような関係があるのかな……？　と。

六曜が現在どのように使われているかといえば、いわゆる迷信・俗信（＝確たる根拠もないままに、それぞれの思いの中で言い伝えられ信じられているもの）の根拠として生活の中に大いにはばを利かしているものであります。そして、それが人間の迷いをより深くして人々を苦しめているものの一つであり、そのことが長い間、社会生活にどのような影響を与えてきたかということであります。

そこで、健康まつりを主催する「山口市ふれあい健康まつり実行委員会」の一人である山口市と、協力団体の一人である山口市教育委員会に、そのことを次のようにお尋ねをしてみました。

―今、国は差別をなくす運動・同和教育に挙げて取り組んでいます。山口市も学校教育をはじめ社会教育全般にわたって取り組んでいることは論をまたないところでございます。そして、また迷信・俗信が差別を助長してきたことは歴史の証明するところでございます（六曜が直接、差別を助長してきたと言いたてるわけではありません）。差別が迷信や古いしきたりと抱き合わせの形で社会に温存されてきたことを考えますと、差別意識を温存し助長している迷信等は手をたずさえて打破していかなければならないものと考えます。また、それが行政の責任でもありましょう。そのような意味で、行政は差別につながるようなことには、どんな些細なことでも注意をはらうべきだと考えます。現在発行されているいろいろなカレンダーには、確かに六曜が採用されていますしかし、これとて全部が全部というわけではありません。発行する人が、それぞれの利害に絡んで採用しているもので、本来必要ないものなのです。本願寺カレンダーにはありませんが別に不自由は感じません。国等公共機関の発行する暦には六曜はないはずです。

私の見るところでは、六曜は百害あって一利なし、健康どころか大変不健康な要素を含んでいると思われます。行政のかかわる出版物には採用すべきでないと考えますがいかがでございましょう――と。

一介の貧乏寺の住職の意見など聞いてくれることはあるまい。〝梨のつぶて〟かと思っていましたら、十月二十七日午後、山口市の担当者の方から返答がありました。曰く、六曜のことはそんなに深く考えていなかったということと、今年はすでに四万何千枚を配布済みだからどうにもならないので来年からは何とか考えたいとのこと（＝カレンダーは平成六年のもの）でございました。

浄土真宗の御開山。親鸞聖人は、因果の道理にそむく迷信や俗信は、自分が苦しむだけでなく、まわ

りの人をも苦しめることを歎かれて、

『かなしきかなや道俗《どうぞく》の　良時《りょうじ》・吉日《きちじつ》えらばしめ　天神《てんじん》・地祇《ちぎ》をあがめつつ　卜占祭祀《ぼくせんさいし》つとめとす』

と悲しまれます。単なる悲しみでなく、このことの広がりを悲しむのです。

〝昔から言われていること、人が悪いと言うことはしない方がいい〟―この言い方が、迷信（＝差別）を引きずってきたのです。―これは頭の理解だけではどうにもなりません。実践の中でこそ解消されていくものです。

「生まれて来し子の名〝愛〟という　この子また差別を負いて　生き抜くならむ―朝日歌壇」

合掌

平成五年十一月十日（水）

迷信・俗信　その二　――笑い話ではありません――

先月「迷信・俗信」のことについて書いていてふと思い出したことがありますので「その二」です。

先年あるお寺（浄土真宗）のご住職と話をしていましたら、こんな話をして下さいました。この方は現在山口県内のある町の町会議員をしています。それは初めて町会議員に当選した時のお話です（＝何十年も前の話ではありません）。

初当選、はじめての議会。議場に入って驚いたというのです。議員の議席番号の四番がない（一、二、三、五、六～となっている）というのです。そこでさっそく町長に質問をしたというのです。

○「議席（議員の）番号の四番がないがなぜですか」

町長「以前からないので、そうなっています」

○「そうですか、それではこの町はすべてのことを十進法（＝数のかぞえ方）でなく、九進法で行っているのですか。たとえば、工事代金の支払、役場の職員の給与等の支払を一、二、三、五、六～と数えて計算をしているのですか」

町長「そんなことはありません。一、二、三、四、五、六～と十進法で数えます」

○「しかし、町の予算を決める町議会の議席には四番がなく、一、二、三、五、六～となって九進法ではありませんか。まさか議員報酬だけ九進法というのではありますまいが…。十進法というのなら、議会の議席も普通の通り、一、二、三、四、五、六〜としなければおかしいことはありませんか。なぜしないのですか」

町長「四番をつくっても、そこに座る人がおりません」

○「そんなことはありません。私が座ります」

町長「そうですか。それではそのようにいたします」

それで四番の議席ができて、一、二、三、四、五、六〜となったというのです。「四番に座ったからというて何ということはない。わしは町はじまって以来、初の四番議員、四番の一号議員だよ」と笑っていました。それからあと、議席の変更があって四番には現在他の議員が座っているが、何ということはない。〝ざまあみろ〟とまた笑う。

「おかしな話をするが、そんなところで政治がおこなわれていると思うとなさけないよ。うちの町は四番がなかったが、おかげでできた。ところが隣の町は四番どころか九番もない。いまだに四番と九番は欠番なんだよ。なさけないと思わんかね」と憤慨する。そして、「市町村議会というのは、そんなところが結構あるのではないのかなあ（笑い話ではありません、おたくの町（市）は大丈夫ですか？）。議員といっていばっているがなさけないもんだよ」――と。

病院に四号室がない。四は死……？　か。

どうしてこんなことになるのか。迷い心ばかりでまことがないからですよ。心がすわらないからですよ。〝男は度胸〟とは違います。心を安心しておく〝場〟がないからです。何がおこっても〝まちがいない〟という〝場〟を持たないからです。これは個の問題です。

『人のいのちは日々に今日やかぎりとおもひ、時々《じじ》にただいまや終りと思うべし。無常のさかひは、生まれてあだなる仮の住みかなれば、風のまえのともしびを見ても、草のうえの露によそえても、息のとどまり、いのちのたえんことは、かしこきも、おろかなるも、ひとりとしてのがるべきかたなし。このゆえに、ただいまにても、まなことじはつるものならば、弥陀の本願にすくわれて極楽浄土へむかえられたてまつらんと思ひて、南無阿弥陀仏ととなふることは一念無上の功徳をたのみ、一念広大の利益をあふぐゆえなり——隆寛律師『一念多念分別事』

合掌

平成五年十二月十五日（水）

一日のはじまり

「勤行《ごんぎょう》や寺の朝寝は許されず—大乗俳壇」

朝六時半（夏は六時）に梵鐘（大鐘）を撞く。そして午前七時（夏は六時半）に、ご仏前にお仏飯《ぶっぱん》（＝お鉢さま）をお供えして、喚鐘《かんしょう》を打って朝の勤行がはじまります。

喚鐘とは読んで字のごとく「今から法要（勤行）がはじまります。お参り下さい」というよびかけの鐘です。

今は誰も参って来る人はいませんが、以前はお寺の前の岸田アヤというおばあさんが、毎日おまいりでございました(このすがたを見て、外にも時々おまいりの人がありました)。九十五歳でなくなるまで、ずーと、雨の日も風の日も、雪の日も続きました。(今思いますに、このおばあさんが、私を一人前のお坊さんに、そしてこのお寺の住職にしあげて下さったのかもしれません)。

私がこのお寺にご縁をいただき、喚鐘を打って朝の勤行をはじめた時から、このおばあさんのお参りがはじまりました。そして、かならず勤行の五分前には、お寺の本堂に来て座っていました。だからそれまでには、本堂の戸を開けておかなければなりません。ところが、夏はいいのですが、冬の七時はまだうす暗い、寒くもあり時々（＝一冬に二～三回）寝すごすことがあります。寝床の中で目を覚ました時には、時計の針が七時を指している。これは大変と飛び起きて本堂に行ってみると、本堂の外の縁（戸が締まっているため）で雪の降りかかる中、座ってナンマンダブツナンマンダブツとお念仏を申しながら戸の開くのを待っている。

「あーすみません、寒かったでしょう」と身の縮む思いで言うと「なんのなんの御開山さま（＝親鸞聖人）は雪を枕におやすみになったとか、そのことを思えば……ナンマンダブナンマンダブ」と。ありがたい、そして元気なおばあさんでした。

元気の秘密は、朝お寺にお参りして勤行が終わると、すぐ家に帰るのでなく、お寺のまわりの部落をひとまわりして帰るというのが、おばあさんの日課であったからでした。毎日どのくらいの距離を歩いていたのでしょうか。コースも決まっていたようです。一眼二足《いちがんにあし》と昔から言うそうですが、健康の秘訣ここにありです。

お寺の朝の勤行（＝お正信偈・ご文章）は、三〇〜四〇分です。一人で勤行をするより、お参りの人があれば楽しさも増します。そこにはちょっとした会話もあります。心がけて朝お寺にお参りしてみませんか。一緒に声を出してお経をあげてみませんか。一日の始まりがさわやかになります。

お寺は、勤行が終わりますと食事です。朝はお供えしたお仏飯さまをいただきますので、お精進（＝精進料理の意）です。昼食と夕食は普通の食事です。ただ、毎月十六日は御開山さまのご命日ですので一日中お精進をいたします。(食事にかぎらず他のことにも心を配ります)。仏教徒であれば、この外に自分の親や子供の毎月の命日の一日ぐらいはお精進に心がけたいものです。

「めぐり来し　父の命日　妻と二人　精進食の三度つつしむ―大乗歌壇」

真宗の門徒は、わが家の宗教生活はお寺の生活にならいました。お寺は、お浄土の菩薩さまにならいました。お経(＝阿弥陀経)には、お浄土の菩薩さまの朝を次のように説いてあります。『その国(＝お浄土)の人々は、いつもすがすがしい朝になると、各自の花皿に沢山のきれいな花を盛って、他の国々の数かぎりない仏がたを供養し、そして食事の時までには、もとの浄土に帰ってきて食事をとり、それからしばらくの間、そこらあたりを静かに散歩する』と。

〝朝起きたら仏前に座り、それから食事をとり仕事に出かける〟というのが先輩達ののこして下さった生活です。

「何かしら　新しき明日を　のぞみおり　老いのくらしに　変わりなけれど―大乗歌壇」

合掌

平成六年二月二日(水)

お葬式 ――死んで花実《はなみ》が咲くのです――

『道俗時衆等《どうぞくじしゅうとう》　各発無上心《かくほつむじょうしん》　生死甚難厭《しょうじじんなんねん》　仏法復難欣《ぶっぽうぶなんごん》　共発金剛志《ぐほつこんごうし》　横超断四流《おうちょだんしる》　願入弥陀海《がんにゅうみだかい》　帰依合掌礼《きえがっしょうらい》（＝僧俗共にここにいるすべての人々よ　おのおのが菩提心《ぼだいしん》（悟りを求める心）をおこして人間の境涯が六道輪廻の迷いと知っても　なかなか厭なところだとは思わない　涅槃という仏の悟りはすばらしいと聞いても　なかなかねがい求めるということをしないのである　それゆえ　共に他力の信心をいただいてただちに迷いの流れを断ち切り　弥陀の浄土に往生を願って　如来を合掌し礼拝せよ』

―お葬式の時の出棺の〝おつとめ〟の出だしです。

この頃また葬式について、マスコミなどいろいろの人がいろいろのことを言っているようですが、どちらかと言うと形式に固執する論が多いように思われますが、いかがでございましょうか。

他は知りませんが、仏教について言えば、お葬式は大切です。おろそかにしてはなりません。それは仏教のあり方です。仏教は死んだ人のためにあるのではありません。死にゆく人にあるのです。親しい人を亡くして、後にのこり、涙して送る人にあるのですから…。

だから〝道俗時衆等《どうぞくじしゅうとう》～〟とお葬式がはじまるのです。

いずれ終わる〝今日かも明日かも知れぬ〟いのちをかかえて日暮らしをする私に「お前もこうなるの

だ、後生《ごしょう》は大丈夫か」と、身をもって問いかけてくれるのです。

「それぞれに　人は生き方　ふる舞ひをもちて果てゆく　哀れ人みな―大乗歌壇」

死を見なくなった今日、死を受け入れられなくなった今日、葬式は〝驚きの場〟でなければならない。

この頃の、家の中で行うお葬式は、式が終わると、そこで故人とのお別れがあります。以前は、別れがすんでお棺に蓋《ふた》をすると釘を打ってとめていましたが、この頃は蓋に釘を打たなくなった。なぜ釘を打たないのか。打てないのでしょう。かわいそうだとか何とか言って…。

かわいい子供、愛しい妻や夫、大切な父や母でもお棺に蓋を覆ったら自分の手で釘を打って下さい。その釘を打つ時の思いをかみしめて下さい。この国は何と厭なところだと思います。お浄土があって良かったと思います。それがお葬式です。情と涙のたれ流しで終わるのは仏教のお葬式ではありません。『流転三界中《るてんさんがいちゅう》　恩愛不能断《おんないふのうだん》　棄恩入無為《きおんにゅうむい》　真実報恩者《しんじつほうおんしゃ》（＝この迷いの世界（三界）を流転する中で恩愛は断つことのできないものですが　その恩（愛）を棄て悟りに入る人こそ　真実の報恩の人なのです）』

ほんのちょっとの間ですが、むなしさを味わいます。ここで恩愛を断ち切るのです。人生の全部のようなむなしさを味わいます。

葬儀屋さん、釘と鎚《つち》を用意して下さい。非情なようですが、涙にくれる中でお棺に蓋をして釘を打たせて下さい。お棺はつやつや耀《かがや》くようなものはいりません。どうせ焼いてしまうのですから。のぞき窓もいりません。蓋に釘の打ちやすいお棺を用意して下さい。

慰めなど何の役にも立たないことがわかります。事実を見ることのできる人になります。恩愛も情も涙も、みな捨てるのです。すると、仏様のあたたかいお慈悲だけがのこります。〝そのまま救う〟という仏様の声が〝まことなり〟と聞こえます。胸にとどきます。どんな悲しい送りでも〝ああ良かった〟と思われます。ここは迷いの国なのです。仏様は、私のために〝南無阿弥陀仏〟と悟りの国を用意して下さったのです。死出の旅も、仏法の人には〝往生浄土〟、浄土に生まれ往く〝でたち〟なのです。

お浄土は、神通力の菩薩と自在の仏様のはたらきの世界、般若波羅蜜《はんにゃはらみつ》の蓮華藏世界《れんげぞうせかい》なのです。

「安楽浄土にいたるひと　五濁悪世にかへりては　釈迦牟尼仏のごとくにて　利益衆生《りやくしゅじょう》はきわもなし―

親鸞聖人、浄土和讃」

合掌

平成六年三月九日（水）

あとがき

山口市に山口日日新聞というローカル紙があります。〝心のひろば〟という一欄をもうけていただき、月一回程度の割で執筆をしていますものがすこしたまりました。「まとめておいたら」という声に出版を思いたちました。

最初に新聞社の方から依頼を受けた時は、すこし躊躇しました。月一回というのと新聞という不特定多数の人の目に映るもの、読まれるものというのが今一つ……。私の心を察したのか、〝いや法話でいいんです〟という言葉につられて引き受けることにしましたが、はたしてできはいかん……。

それにもう一つ。若い頃には盛んであった地域青年団という組織の中で遊び、お世話になり、お世話もさせていただきました。(余談になりますが、総理大臣をなさった竹下登さんも戦後の青年団長を経験したお方だと聞きました。演説を聞くたびに青年団長の演説を思い出したものです。そんなことからもうすこし総理大臣をつづけていただきたかった。なにしろ青年団の先輩にあたりますから)。子供が学校にあがりましてからは、小・中・高校とＰＴＡのお世話もさせていただきました。そんな中で思うことは、今でも村々にはかならずお寺があります。そこを中心にいとなみをしてきました。ところが、このごろは地域青年団はなくなりました。地域婦人会もあって無きがごときの存在です。新しくつくっていく都市の中、団地の中には、お寺はみあたりません。都市計画の中にはお寺はないのです。

お寺は人の中にあって〝いのち〟を説いてきました。〝死〟にまじめに目を向けてきました。そんなお寺が遠くなりました。〝死〟が見えなくなりました。しかし、〝死〟は必然です。人は〝死〟を受け入れていく信仰を持たないと生きられませんし生き甲斐も見い出せません。

今日《こんにち》のマスコミ報道、学校教育等々を見ていますと、はたして仏教はとどいているのであろうか。仏教と言いながら、葬式だけを仏式で行い、その人たちが〝葬式仏教〟と声高に言う。仏教の生活をして仏教徒なのです。

戦後、日本を占領した進駐軍のアメリカ人は、日本の家々の中に、一軒一軒お仏壇が安置してあるのを見て、日本は一軒一軒の家の中に教会があるとびっくりしたという。今、家々にお仏壇があるかというと、あやしいものである。お仏壇があってなれ親しんできた仏教です。おさない頃からなれ親しまないと仏教はなかなか受け入れられません。すこし仏教の宣伝をしたい気になり引き受けたようなことでもございます。そんな不純な動機で書きはじめたものです。おしかり下さい。

山口の方言、習慣もあります。そんなこんなで、このたびの出版を引き受けて下さいました近代文藝社の石渕幸子氏には、いろいろとお手をわずらわせました。ありがとうございます。厚く御礼申し上げます。

平成六年八月　末日

合掌

著者紹介

小川　恵眞（おがわ・えしん）

昭和15年　大分県に生る。
　大分県連合青年団組織部長
　　同　　副団長
大分県県民体育大会ラグビーの部連続10回出場表彰を受ける。
昭和46年　山口市　光円寺に入寺。
昭和51年　明應山光円寺第15世を継職　現在に至る。
嵯峨御流生花教授―水潤斎―
山口刑務所教誨師

著書
『いのちの風景』１９９４年　近代文芸社

『有聲無涙抄　いのちの風景』２０００年　探究社
『いのちを生きる』電子書籍　２０１８年　22世紀アート
『有聲無涙抄　いのちを生きる』電子書籍　２０２０年　22世紀アート

いのちを生きる

2023年2月28日発行

著　者　小川恵眞
発行者　向田翔一

発行所　株式会社22世紀アート
〒103-0007
東京都中央区日本橋浜町3-23-1-5F
電話　03-5941-9774
Email: info@22art.net　ホームページ：www.22art.net

発売元　株式会社日興企画
〒104-0032
東京都中央区八丁堀4-11-10 第2SSビル 6F
電話　03-6262-8127
Email: support@nikko-kikaku.com
ホームページ：https://nikko-kikaku.com/

印刷
製本　株式会社PUBFUN

ISBN：978-4-88877-171-9